Topos plus **Taschenbücher**
Band 473

Gottfried Hierzenberger

# Der Glaube in den alten Hochkulturen

Ägypter, Mesopotamier,
Indoeuropäer, Altamerikaner

Topos plus Taschenbücher

## Topos plus Verlagsgemeinschaft

Butzon & Bercker, Kevelaer | Don Bosco, München
Echter, Würzburg | Verlag Katholisches Bibelwerk, Stuttgart
Lahn-Verlag, Limburg Kevelaer | Matthias-Grünewald-Verlag, Mainz
Paulusverlag, Freiburg Schweiz | Friedrich Pustet, Regensburg
Tyrolia, Innsbruck Wien

Bibliografische Informationen der Deutschen
Bibliothek
Die Deutsche Bibliothek verzeichnet diese
Publikation in der Deutschen Nationalbiblio-
grafie; detaillierte bibliografische Daten sind
im Internet über http://dnb.ddb.de abrufbar.

Einband- und Reihengestaltung:
Akut Werbung GmbH, Dortmund
Satz: Schröder Media, Dernbach
Herstellung: Pustet, Regensburg
Printed in Germany

Topos plus – Bestellnummer: 3-7867-8473-6

# Inhalt

# Grundwissen Alte Hochreligionen

Unter den alten Hochkulturen, die in Mesopotamien, Ägypten, Syrien, Indien, Persien und China – ausschließlich in Asien! – schon erstaunlich früh eine hohe Zivilisationsstufe erreicht hatten, konnten nur die indische und chinesische eine deutliche Kontinuität bis heute bewahren. Die anderen sind entweder bereits vor langer Zeit dahingeschwunden oder in jüngeren Kulturen aufgegangen, von denen sie erfolgreich überlagert wurden.

In ihrer Blütezeit haben sie aber wesentliche Beiträge zur Kulturentwicklung nicht nur jener Menschen geleistet, die man ihre Nachfolger nennen kann, sondern auch ihrer Nachbarn in den Randzonen und auch ihrer Handelspartner in weit entfernten Ländern, so dass sie die Entwicklung der gesamten Menschheit nachhaltig beeinflusst haben.

Eine Sonderstellung nehmen die alten Hochkulturen Amerikas ein, die zwar zeitlich jünger sind als die asiatischen, sich weitgehend ohne jede nachweisbare Beeinflussung von außen entwickelt haben, doch in ihrer Blütezeit (um die Mitte des 2. Jahrtausends v. Chr.) in Kontakt mit der europäisch-christlichen Zivilisation (vor allem der Spanier) kamen, von denen sie gewaltsam okkupiert wurden. Die alten Reiche der Azteken, der Mayas – die damals bereits ihren Höhepunkt deutlich überschritten hatten – und der Inkas wurden von spanischen Abenteurern (»Conquistatores«) sozusagen im Handstreich überwältigt und die »Indios« von christlichen Missionaren vielfach unter dem Druck der neuen Machthaber gewaltsam »christianisiert«. Dabei wurden unendlich viele Kulturgüter zerstört. Einiges blieb als exotische Botschaft aus der »neuen Welt« erhalten und wurde von den europäischen Kulturen und Zivilisationen konserviert, zu einem kleinen Teil auch rezipiert, anderes wurde in der Hochzeit der Archäologie (ab der Mitte des 19. Jh.) neu entdeckt, ausgegraben und rekonstruiert.

Die **alten Hochkulturen** waren durchwegs weit entwickelte Zivilisationen, die – zusammen mit ihren Vorläufern – teilweise eine viele Jahrhunderte während Geschichte aufzuweisen haben. Durch den Mangel an **schriftlichen** Zeugnissen nehmen sie aber vor unserem geistigen Auge oft nur durch

Rückschlüsse aus den verschiedenartigsten Funden, ausgegrabenen Gebäuderesten, Begräbnisstätten oder Zivilisationsschuttschichten Gestalt an. Bestenfalls kann aufgrund bildlicher oder figuraler Darstellungen auf die dahinter stehende Geistigkeit, Mentalität und Handlungsweise der seinerzeitigen Träger dieser Hochkulturen als der handelnden Personen geschlossen werden.

Die **Schrift** ist deshalb so wichtig, weil nur sie es uns ermöglicht, die **Sprache** – das allerwichtigste menschliche Kommunikationsmittel! – als authentischen Führer zum Verständnis lange zurückliegender Fakten, Denkweisen und ethischer Motivationen einzusetzen. Sie kann freilich nicht die **lebendige Erfahrung** einer Tradition ersetzen, die durch die persönliche Begegnung mit ihren heutigen Vertretern auch die vielen Zwischentöne zum Klingen bringt, die zum menschlichen Miteinander gehören und zum vollen Verständnis unentbehrlich sind.

All dies gilt vollinhaltlich auch für das uns hier besonders interessierende Verständnis der **Religionen in diesen alten Hochkulturen**. Auch sie sind mit diesen Kulturen dahingegangen, haben aber auf die eine oder andere Weise – z. B. auch durch schriftliche Zeugnisse in anderen, lebendig gebliebenen Kulturen und Religionen – einen schriftlichen Niederschlag gefunden, der erhalten geblieben ist und aus dem sie sich mehr oder weniger deutlich rekonstruieren lassen. Dabei ist die Kenntnis jener **Weltreligionen** hilfreich, die aus ähnlich früher Zeit stammen wie die Religionen der nicht mehr existierenden Hochkulturen. Sie haben sich mit ihnen teilweise sogar auseinandergesetzt und können daher als Zeugen oder Parallele herangezogen werden wie der frühe **Hinduismus** und **Buddhismus** in Indien, der **Taoismus** und **Konfuzianismus** im Frühen China, das **Judentum** und das **Christentum** im Vorderen Orient und auch der **Islam**. Dieser ist schnell über sein Ursprungsland, die Arabische Halbinsel, hinausgewachsen und kam mit den verschiedensten Kulturen und Völkern – und deren Religionen – in Verbindung.

Die meisten dieser Weltreligionen haben wesentliche Elemente der versunkenen Religionen aufgenommen und in ihr Glaubensbewusstsein integriert oder haben sich in der Auseinandersetzung mit diesen Hochreligionen selbst intensiver weiter entwickelt und sind reifer und differenzierter geworden.

Wir werden feststellen, dass aus den eben genannten Gründen ein GRUNDWISSEN von den ALTEN HOCHRELIGIONEN im heutigen Dialog der Religionen unentbehrlich ist, weil es Fehlurteile vermeiden hilft, weil es das Bewusstsein der vielen Gemeinsamkeiten bei aller Verschiedenheit stärkt und weil es darüber hinaus deutlich macht, dass manche Besonderheiten nicht zum Eigengut gehören, das neu entwickelt wurde, sondern aus alten Hochreligionen stammt und in der Gründungsphase der eigenen Religion von dort her übernommen und in die eigenen Glaubensvollzüge kreativ eingebaut worden ist.

Das vermag vielleicht auch so manchen konfessionellen Hochmut relativieren und kann vielleicht sogar Sackgassen sichtbar machen und auf diese Weise bestimmte Positionen oder Entwicklungswege als gefährlich deklarieren, weil sie – sic erat demonstrandum! – keine Zukunft haben.

In diesem Band der Serie GRUNDWISSEN RELIGION wird über die Religionen der **Mesopotamischen Hochkultur,** über den Glauben jener Menschen, welche die **Ägyptische Hochkultur** getragen haben, über den Glauben der frühen **Indoiraner** und **Indoeuropäer** (mit Ausnahme der Griechen und Römer, deren Glaubensverständnis in einem eigenen Band behandelt wird) und über den Glauben der Olmeken/ Azteken, der Mayas und der Inkas – und ihrer Vorläufer – in der **Altamerikanischen Hochkultur** berichtet. Wer sich für die frühe Induskultur interessiert, sei auf den Band DER GLAUBE DER HINDUS, wer sich für die chinesische Hochkultur der Hsia- und der Shang-Zeit oder für den frühen Schintō-Glauben in Japan interessiert, sei auf den Band DER GLAUBE DER CHINESEN UND JAPANER verwiesen.

# DER GLAUBE DER ALTEN MESOPOTAMIER

Mit dem Ende der letzten Eiszeit (zwischen 10.000 und 8.000 v. Chr.) trat eine radikale Veränderung des Klimas und der Landschaft – und damit auch der Flora und Fauna – ein. Die in den vergangenen 60 Jahrtausenden der 4. Eiszeit allmählich an das raue Klima angepasste Tierwelt wanderte (in Europa und Asien) mit dem Zurückgehen der Gletscher nach Norden ab, und Wald bedeckte langsam die arktischen Steppen. Die Jäger des **Paläolithikums** (= Altsteinzeit) folgten dem Wild und mussten ihre bisherigen Lebensräume wechseln und ihre seit vielen Generationen gewohnte Lebensweise umstellen.

Die sich daraus ergebenden neuen Bedingungen führten zu tiefgreifenden Umwälzungen in allen Bereichen des Lebens und der Kultur. Das veranlasste die Forscher, von einem neuen Zeitalter – dem **Mesolithikum** (= Mittlere Steinzeit) – zu sprechen.

Für Europa bedeutete diese neue Periode zunächst einmal eine tiefe Krise, die erst im **Neolithikum** (= Jungsteinzeit) bewältigt wurde. Deswegen lag **der kulturelle Schwerpunkt der Menschheit** im Mesolithikum und frühen Neolithikum eindeutig in Südwest- und Südostasien, im südlichen Zentralasien und **im Vorderen Orient**. Dort vollzog sich – vor allem in den Gebieten an großen Flüssen wie dem Nil, dem Euphrat und Tigris oder zwischen dem Jordan und der asiatischen Mittelmeerküste, im Industal oder am Hoang-ho – am schnellsten, sichtbarsten und radikalsten der Übergang von der nomadisierenden Jäger- und Sammlerkultur der Altsteinzeit zur Sesshaftigkeit, d. h. zum Domestizieren und Züchten von Tieren, zum Anbauen und Züchten von Nutzpflanzen und zur Ausgestaltung der Wohnorte zu Ortschaften, befestigten Plätzen, Städten und Staaten.

Diese »langsame Revolution« (Mircea Eliade) vollzog sich zuerst im Kopf und im Herzen und wirkte sich dann erst im praktischen Leben aus. Die Menschen beobachteten, studierten und erfassten das **Naturgesetz vom Keimen – Wachsen – Reifen** und passten sich daran an. Sie erkannten den Kreislauf des Lebens nicht nur im Werden und Vergehen der Pflanzen und Tiere, sondern auch bei sich selbst. Und sie haben gelernt, dass man diesen Kreislauf zwar akzeptieren muss, dass man aber auch lenkend und zum eigenen Nutzen fördernd eingreifen kann. So lernten sie, zur richtigen Zeit Samen zu sammeln, in den aufnahmefähig gemachten Boden einzubringen und ihn feucht zu halten. Oder sie sammelten junge Pflanzen des Wildgetreides, versetzten sie in eine bessere Umgebung und erzielten so die ersten Ernten.

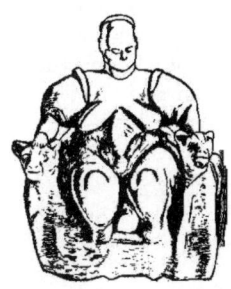

*Ein Altarstein aus Kanaan (3. Jt. v. Chr.) wendet den Blick nach oben.*

*Tonstatuette »Gebärende Göttin« aus Catal Hüyük (4. Jt. v. Chr.) als personifizierte Fruchtbarkeit.*

Sie lernten aber auch, wie man durch künstliche Bewässerung bei Trockenheit nachhelfen kann, indem man von den nahe gelegenen Flüssen Gräben zu den Feldern zieht und sie bewässert oder Dämme baut, um bei Hochwasser die Zerstörung der Kulturen zu verhindern. Sie erlebten die Ohnmacht des Menschen gegenüber Naturkatastrophen wie Wolkenbrüchen oder Sandstürmen und lernten, die Harmonie der Naturgesetze mit guten Gedanken der Hoffnung und Liebe zu begleiten und Disharmonien in sich selbst und in der Natur durch besseres Einfühlen in die allem zugrunde liegende Ordnung und durch Konzentration auf das Positive zu besänftigen.

An den ältesten mesolithischen Ausgrabungsstätten der **Natuf-Kultur** in Palästina (ca. 9.000 v. Chr.) fand man Steinsicheln, Mörser und Stampfer, mit deren Hilfe man offensichtlich Getreide geerntet bzw. zerkleinert hatte, man fand Überreste kreisrunder Hütten mit einer Feuerstelle und aus feuchtem Lehm geformte und gebrannte Tonfiguren, die Frauenkörper darstellten – »meist ohne ausgeprägten Kopf, aber mit großen Brüsten, prallen Schenkeln und deutlich hervorgehobener Vulva. Es sind Fruchtbarkeitssymbole, vielleicht sogar Darstellungen der Göttin, der man die segnende Kraft der Fruchtbarkeit zuschrieb.« (Helmut Uhlig) Darin wird eine mystische Solidarität zwischen Mensch und Vegetation erkennbar, die an die Stelle der mystischen Verbundenheit zwischen den altsteinzeitlichen Jägern und den von ihnen gejagten Tieren getreten war.

Alle menschlich bedeutsamen Ereignisse wie Geburt und Tod, Erwachsenwerden und Heirat, Reichtum und Not, Sexualität und Gemeinschaft brachte der Mensch mit sich hingebenden oder hingemordeten Gottheiten in Verbindung. Er hatte dies vom Getreidekorn gelernt, das in die Erde gelegt wird und sterben muss, damit sich daraus eine Vervielfachung seiner Existenz in neuen Ähren mit vielen neuen Körnern ergeben kann.

Die Forschung ist sich darin einig, dass **Ursprungsmythen** den Glauben der Menschen nach der mesolithischen Revolution bestimmten. Nicht mehr der Mann als Jäger und Bezwinger der Tiere steht im Mittelpunkt, sondern **die Frau**. Sie spielte bei der Züchtung der Kulturpflanzen eine entscheidende Rolle und die Fruchtbarkeit der Erde entspricht geheimnisvoll der weiblichen Fruchtbarkeit. Auf diese Weise gewinnt **der Mond** gegenüber der Sonne an religiöser Bedeutung, und es entstehen kosmisch orientierte **Fruchtbarkeitsriten**, die den alten Jagdzauber verdrängen und »die Entstehung der Welt rituell wiederholen«. (Mircea. Eliade)

Es gab natürlich auch nach 10.000 oder 8.000 v. Chr. noch Vertreter der typisch altsteinzeitlichen Jägergesellschaften. Aber sie zogen sich – den Tieren folgend – mehr und mehr in die Rand- und Bergzonen und in schwer zugängliche Gebiete zurück: in die Wüste, in die großen Wälder, in die Berge. Auch unter den sesshaften Bauern und Viehzüchtern gab es noch sehr lange Jäger, welche die wilden Tiere auf Distanz hielten, für frisches Fleisch sorgten und so einen Teil des Lebensunterhalts bestritten. Sie waren es dann wohl auch, denen der Schutz der Ansiedlungen gegen Feinde aller Art – wilde Tiere und räuberische Menschen, die sich noch nicht an die »konstruktive« jungsteinzeitliche Lebensweise gewöhnt hatten – zufiel.

Diese Umstellung und die *mesolithische Revolution* dauerten in vielen Gebieten Tausende von Jahren, so dass sich die Gegensätze zwischen der neuen und der alten Lebensweise zunehmend verschärften. Wir werden in den Kapiteln über die Religion der Indoiraner und Indoeuropäer – der Turkvölker, Semiten und Mongolen und all der sonstigen Wanderer – zu bedenken haben, dass sie sich in vielem den Lebensgewohnheiten der von ihnen gejagten Tiere angepasst hatten und sich in anachronistischer Weise in den Hochkulturen wie ein Wolfsrudel verhielten, das die friedliebenden Pflanzenfresser, Nestbauer und sesshaften Weidetiere aller Art jagt, tötet und frisst, ihre Nester zerstört und ihr Umfeld verwüstet.

*Arbeit an der Freilegung des Ischtartors am Ende der Prozessionsstraße in Babylon durch Robert Koldewey.*

*Das restaurierte Ischtartor (blauglasierte Kacheln mit gelben Ornamenten und Tiersymbolen aus der Zeit Nebukadnezars II., 6. Jh. v. Chr.).*

# Die Anfänge der sumerischen Hochkultur

In Jericho am Jordan finden wir im 8. Jt. v. Chr. bereits die älteste nachweisbare Stadt – mit Steingebäuden, die von dicken und hohen Mauern umgeben sind. Ähnliche Entwicklungen vollziehen sich in **Anatolien** (Çatal Hüyük) und in **Syrien** (Ugarit) sowie im Bereich der **Tell-Halaf-Kultur** am Oberlauf der beiden Flüsse Euphrat und Tigris.

Die Menschen in **Mesopotamien**, mit deren Hochkultur (um 3.000 v. Chr. mit der Erfindung der Schrift) wir uns jetzt beschäftigen wollen, lebten in einer vergleichsweise günstigen Zone. Sie zogen von den beiden Flüssen Gräben zu ihren Feldern und dämmten die Flüsse gegen Überschwemmungen ab. Sie entwickelten Brennöfen, mit denen sie alle Arten von Gebrauchsgegenständen herstellten und haltbar machten. Sie hatten künstlerischen Sinn, denn sie verzierten die Schalen und Vasen, Becher und Krüge mit herrlichen Mustern und Farben. Sie erfanden die Töpferscheibe und gingen bereits zur Massenfertigung über, wodurch sich die Ausgestaltung der Gefäße vereinfachte. Und sie lernten, wie man aus dem Kupferstein das Metall herauslöst und bearbeitet. Damit vollzogen sie früher als in allen anderen vergleichbaren Kulturen den Übergang von der Steinzeit zur Metallzeit.

1948 grub der amerikanische Vorgeschichtler Robert J. Brainwood Dörfer dieser Nordmesopotamier aus der Tell-Halaf-Zeit aus, so dass wir einen guten Einblick in die rasante Entwicklung ihrer kulturellen Leistungen haben und in dieser frühen Zeit im nördlichen Zwischenstromland bereits eine sehr differenzierte, hierarchisch geordnete Gesellschaftsstruktur feststellen können.

Besonders beachtenswert ist auch ihr Ausdehnungsdrang, denn sie nahmen schon sehr früh Handelsbeziehungen bis zur Mittelmeerküste (Syrien) im Westen und in das östlich und südöstlich gelegene persische Hochland auf (Susa oder Tepe Sialk sind frühe Handels- und Produktionszentren) – was durch viele Fundgegenstände auf beiden Seiten belegt wird: In Persien gefundene Werkzeuge oder Gefäße sind eindeutig in Nordmesopotamien gefertigt und in Zentralasien oder im Industal gefertigte wurden in Mesopotamien entdeckt.

Dann verließ – aus unbekannten Gründen – ein Teil der Tell-Halaf-Leute mit Kind und Kegel die bisherige Heimat und begab sich auf die Wanderung nach Südmesopotamien, das bis dahin – da es sich um ständig wachsendes und sich wandelndes Schwemmland im Unterlauf der beiden großen Flüsse Euphrat und Tigris handelte – wahrscheinlich unbesiedelt war.

Zu Beginn des 5. Jt. finden wir jedenfalls einzelne Gruppen aus Nordmesopotamien im versumpften, unwegsamen Südland, das alles andere als ein Paradies war, aber von ihnen in relativ kurzer Zeit kultiviert wurde. Wenn die Bibel im Schöpfungsbericht (Genesis 1,2) sagt, dass *ha arez* (= die Erde) zu Beginn *wüst und leer (tohu wa bohu)* war und Gott später *»in Eden gegen Osten hin einen Garten anlegte, in dem der Baum des Lebens stand und der von vier Hauptflüssen begrenzt wurde: Pischon, Gihon, Tigris und Eufrat«* (Gen 2,14), so könnte die neue **Obed-Kultur** in Südmesopotamien (nach dem Namen der ältesten ergiebigen Ausgrabungsstätte genannt) der Sitz im Leben dieser biblischen Paradies-Tradition sein.

Die Träger dieser Obed-Kultur finden aber entgegen der biblischen Darstellung diesen Garten nicht von Gott angelegt vor, sondern legen ihn selbst erst an, ringen ihn der Natur ab, indem sie auf die (von Gott hineingelegte) Ordnung in der Natur horchen. Schnell dehnen die Obed-Bauern ihr Kultur-Gebiet aus und vermischen sich mit Einwanderern aus Syrien und Arabien. Schließlich sind sie so stark und erfolgreich, dass sie sich sogar nach Nordmesopotamien ausbreiten, woher sie kamen, und die ursprüngliche Tell-Halaf-Kultur überlagern oder verdrängen – von ihr ist jedenfalls in der weiteren Geschichte nichts mehr zu merken.

Eine besondere Dynamik wurde ausgelöst, als spätestens um 3.200 v. Chr. Einwanderer aus dem Südosten (ihre genaue Herkunft und auch ihre Sprache sind unbekannt – vielleicht haben sie etwas mit der vorharappischen Kultur im Industal zu tun?), vom Zagros-Gebirge herab in das noch kaum kultivierte Mündungsgebiet von Euphrat und Tigris im südlichsten Teil von Mesopotamien – wo es fast nur Sumpf und Lagunen und dazwischen von den Wüsten im Südwesten angewehte Sanddünen gab – einwanderten und es in Besitz nahmen.

An der Wende vom 4. zum 3. Jahrtausend verwandelten die Neuankömmlinge in kürzester Zeit das sumpfige Land in eine Kulturlandschaft und dehnten ihren Einfluss bald auch auf die ihnen kulturell und zivilisatorisch unterlegenen Obed-Leute aus, obwohl diese bereits stadtartige Siedlungen erbaut hatten, die um Tempelzentren herum angelegt waren. Als das bedeutendste Obed-Bauwerk gilt der 13 m hohe »Weiße Tempel«, entstanden um 3.100 v. Chr. auf einer 70 × 66 m messenden hohen Plattform inmitten verschiedener Überreste alter Heiligtümer, die eine *Ziqqurat* (= heiliger Berg) bilden.

Die **Sumerer** (wie man sie später nannte; vom akkad. Wort *sumer* = Kulturland) schufen in durchdachter und gut organisierter Gemeinschaftsarbeit aus dem scheinbar unbewohnbaren Gebiet fruchtbares Land und in wenigen Generationen eine erstaunlich fortgeschrittene sehr dynamische Zivilisation. Die Zentren dieser **früh-sumerischen Epoche** zu Beginn des 3. Jt. v. Chr. waren die Städte Kisch, Lagasch, Ur, Uruk und Umma. In dieser Zeit entstanden auch bereits die ältesten Schriftzeugnisse auf Tontafeln, die bei Ausgrabungen der monumentalen Tempelanlagen und Hochtempel (Ziqqurats) gefunden wurden.

Die 1922 von Sir Charles Woolsey in Ur ausgegrabenen sumerischen **Königsgräber** stammen wohl aus der ersten Hälfte des 3. Jt. und weisen keinerlei Götterbilder oder andere polytheistische religiöse Symbole auf, wie sie in den gleich-zeitig entstandenen sumerischen **Tempeln** zu finden sind. Das weist darauf hin, dass der Totenkult älter oder gleich alt ist und neben dem Götterkult her läuft.

Das erste Königsgrab, das man fand, bestand aus zwei hintereinander liegenden unterirdischen Räumen, die aus Kalkstein-Brocken und -platten gebaut waren. Eine Rampe führte zum Tor hinunter, und die ganze Anlage war einst überwölbt. Die Gräber der Königin *Schubad* und ihres namentlich nicht bekannten Ehemanns bestanden aus je einer Steinkammer mit einer aus Ziegeln gebauten überwölbten Apsis und davor einer Grube für die Opfergaben und die Mitbestatteten. Das noch völlig unbeschädigte Grab ließ ein höchst ungewöhnliches **Bestattungsritual** erkennen:

Auf der Rampe zur Grube hinunter fand man fünf männliche Skelette, dann zehn weibliche in zwei Reihen, mit prachtvollem Schmuck, eine hatte eine wunderschöne Harfe aus Holz, mit Gold und Einlegearbeit verziert, unter sich begraben. Im Eingang befand sich eine Art Schlitten, von zwei Eseln gezogen und von zwei Pagen gelenkt. Darauf fand man kostbare Waffen, sowie Werkzeuge und Gefäße aus Stein oder Metall. Darunter gab es eine weitere Opfergrube mit einer Rampe, darauf sechs Krieger mit Kupferspeeren und -helmen in zwei Reihen sowie zwei vierrädrige Wagen aus Holz, von je drei Ochsen gezogen, dazu Stallknechte und Kutscher. Neben dieser Kammer lagen neun kostbar geschmückte Frauenskelette. Dazwischen weitere Männer- und Frauenleichen, manche bewaffnet, und zahlreiche Schmuck- und Gebrauchsgegenstände. Die Königin selbst lag auf einer hölzernen Bahre, bedeckt mit einem Perlenhemd, neben ihrer Hand eine kostbare Goldschale. Sie trug einen wunderschönen Kopfschmuck. Am Kopf- und Fußende der Bahre fand man je ein Frauenskelett (Kammerfrauen?), der gesamte Raum war mit Schätzen gefüllt. Offensichtlich war der große Hofstaat (man fand nicht weniger als 92 Skelette!) der Herrscherin und ihres Gemahls mit begraben worden – man fand auch kleine Trinkbecher bei einzelnen Skeletten und schloss daraus, dass sie kurz vor ihrem Tod daraus ein Narkotikum getrunken hatten, ehe sie mit dem Königspaar begraben wurden.

Dieser Fund lässt vermuten, dass sich innerhalb der Stadtstaaten schon sehr früh eine dynastische Struktur herausgebildet hatte. Die aus der Zeit um 3.000 stammende, von deut-

*Eingang der Grabkammer von König Schulgi in Ur (Anfang 2. Jt. v. Chr.).*

*Totenschmuck einer Frau aus den Königsgräbern in Ur (Mitte 3. Jt.).*

schen Ausgräbern zwischen 1929 und 1931 im *Roten Tempel* von Uruk aufgefundene älteste (Bilder-)Schrift der Welt befand sich auf Rollsiegeln und Tonscherben und wurde inhaltlich als Wirtschaftstexte identifiziert. Die Schrift diente also in ihren Anfängen praktischen Zwecken: Ein gezeichnetes Symbol dient zur Bezeichnung eines bestimmten Gegenstandes. So bedeutet etwa eine Schale das sumerische Wort *ninda* (= Speise); oder eine stilisierte Getreideähre das Wort *sche* (= Gerste). Es gibt auch schon Abstraktionen: Ein Dreieck mit der Spitze nach unten (Schamdreieck) bedeutet sumerisch *sal* (= Frau) oder drei angedeutete Hügel stehen für *kur* (= Gebirge). Allmählich gelang es, mit Hilfe von Zeichen, die in übertragenem Sinn verwendet werden, Sätze zu bilden. Schnell gab es 2000 Zeichen und viele Schreiber, und die Einzelzeichen wurden verschliffen und vereinfacht, aus praktischen Gründen um 90 Grad nach links gedreht, später ging man dann von der Wort- zur Silben-Schrift über. Die Wissenschaft unterscheidet heute acht Phasen in der Entwicklung von der ursprünglichen Bilder- zur sumerisch-babylonischen Keilschrift.

In den letzten hundert Jahren des zu Ende gehenden 3. Jt. wurden in Keilschrift sumerische Königslisten aufgezeichnet, darin sind die Namen (mythischer) »Könige vor der Flut« verzeichnet. Der Einleitungssatz lautet jeweils: »*Als das himmlische Königtum auf die Erde kam, entfaltete es sich in Eridu.*« **Alulim** und **Alalgar** sind demnach die Namen der ersten Könige von **Eridu**. Ihre Regierungszeiten (28.800 und 36.000 Jahre) zeigen allerdings, dass es sich nicht um dokumentarische, sondern um mythologische Texte handelt und dass in solchen Zahlen wohl der Wunsch nach Dauer zum Ausdruck kommt – so wie in den Steingrabmälern und Steintempeln Mesopotamiens, die noch der sogenannten **Megalith** (= Großstein)-**Kultur** zuzuweisen sind. Vielleicht war diese ein Ausdruck der ersten weltumspannenden, aber schriftlos untergegangenen Religion – sicherlich war sie keine staatenbildende Zivilisation.

**Eridu** (Abu Schahrein) ist heute vom Sand zugeweht oder doch ständig davon bedroht, und »man kann sich schwer vorstellen, dass es hier wogende Getreidefelder und Dattelpalmenhaine gegeben hat, die sich im Wasser der Kanäle und

Seen spiegelten, dass Schiffe bis unter die mit prachtvollen Tempeln geschmückte Akropolis von Eridu fuhren und geschäftiges Leben in den Gassen der Stadt herrschte«. (Helmut Uhlig) In früher Zeit war Eridu das Zentrum des sumerischen *Süßwasserkults* und der Standort des Hauptheiligtums des Erd- u. Wassergottes **Enki** – man dachte sich wohl die Erde mit dem in ihr enthaltenen Süßwassermeer auf dem Salzwasser-Ozean schwimmend.

Die Überreste zweier kleiner Rundbauten auf einem quadratischen Fundament lassen nach irakischen Ausgrabungen von 1949 erkennen, dass es sich um eine typisch sumerische Tempelanlage gehandelt hat, wo der Tempel des Gottes der Siedlung und der Göttin der Fruchtbarkeit eng nebeneinander lagen, weil die Liebesverbindung der beiden die Basis-Harmonie des gesamten Lebens der Stadt garantierte und daher eines der wichtigsten Elemente vieler Kulthandlungen darstellte.

Jede der oben genannten altsumerischen Städte hatte einen eigenen König. Die bedeutendste Dynastie war anfangs die von **Uruk**. In dieser Zeit lebte auch (der sagenhafte) **Gilgamesch**. Der erste Oberkönig (über alle diese Stadt-Staaten) war der (sagenhafte) **Mesilim** von **Kisch** um 2.600 v. Chr., doch konnte er sich nicht lange in dieser Position halten, denn bereits um 2.500 dominierte die Dynastie von **Ur**. Daneben wurden allerdings auch die Könige von **Lagasch** mächtig und beendeten die Oberherrschaft von Kisch.

Zur selben Zeit – vielleicht auch schon seit langem – strömten semitische Nomadengruppen aus der Syrischen Wüste nach Mesopotamien. Sie bildeten zuerst in **Mari**, dann in **Akkad** ebenfalls Stadtstaaten in der Art der Sumerer, übernahmen in allem die überlegene Kultur der Sumerer und verehrten neben ihren eigenen Göttern auch die der Sumerer, übernahmen auch das sumerische Keilschriftsystem, hielten jedoch mit erstaunlicher Zähigkeit an ihrer eigenen semitischen Sprache fest. So entstand allmählich die sogenannte **sumerisch-akkadische Symbiose** – eine der effektivsten Kulturvermischungen, die die Menschheitsgeschichte kennt.

Als um 2.350 v. Chr. König **Lugalzaggesi** von **Umma** die Herrschaft über alle sumerischen Staaten übernimmt, kommt es bald zur Auseinandersetzung mit dem Reich von Akkad. Und unter **Sargon I.** (2.350–2.300 v. Chr.) dominierte dann

Akkad über Sumer, ohne dass sich die synkretistische Struktur der beiden Kulturen geändert hätte. Sargon nannte sich »Herrscher der vier Weltteile«, da er auch Teile Syriens, Kleinasiens und das Land Elam (im Osten des sumerischen Herrschaftsgebietes) durch seine neue, sehr bewegliche Kampftechnik eroberte und sich allen Gegnern überlegen gezeigt hatte. Im Jahr 2.340 v. Chr. erkannten alle Sumerer-Städte seine Oberhoheit an. Darauf vereinigte Sargon Akkad und Sumer auch politisch-administrativ und legte damit den Grund für die **sumerisch-akkadische Verschmelzung**, die sich viele Jahrhunderte lang als *babylonische Kultur* halten konnte.

*Ruine und Rekonstruktion der Nanna-Zikkurat des Urnammu in Ur (Ende 3. Jt).*

Heute sieht man als Ergebnis intensiver Forschungen vor allem in der ersten Hälfte des 20. Jh. deutlicher die Unterschiede der beiden Kulturen und hütet sich vor Nivellierungen. Die Keilschrift geht jedenfalls eindeutig auf die Sumerer (älteste Funde in Uruk) zurück, wurde aber von den Akkadern übernommen, die mit diesen Schriftzeichen ihre (noch schriftlose) semitische Sprache schriftlich ausdrücken konnten. Als gegen Ende des 3. Jt. die **Neu-Sumerer** die akkadische bzw. gutäische Oberhoheit abschüttelten, blieben die Schriftzeichen gleich, obwohl wieder die sumerische Sprache dominierte. Die letzten Könige des neu-sumerischen Reiches nahmen dann allerdings semitische Namen an und forcierten die akkadischen Kulturelemente.

Zeittafel Sumerer – Akkader

**1. Altsumerische Zeit** (ca. 3.900 bis 2.350 v. Chr.):

**Könige vor der Sintflut**: A-lui-lim (28.800 Jahre); A-la-gar (36.000 J.); En-me-en-lu-an-na (43.200 J.); En-me-en-gal-an-na (28.800 J.); Dumuzi (36.000 J.); En-sib-zi-an-na (28.800 J.); En-me-en-dur-an-na (21.000 J.); ? du-du (18.600 J.). – Die Namen und Regierungszeitangaben stammen aus Schriftfunden, sind *vorhistorisch-mythologisch* und können daher nicht historisch integriert werden.

**Könige nach der Sintflut:** I. Dynastie von Kisch (23 Könige – 24.510 J. / I. Dynastie von Erech (12 Könige – 2310 Jahre; unter ihnen waren ab 4. Dumuzi und ab 5. Gilgamesch) / I. Dynastie von Ur (ca. 3100–2930 v. Chr.) / II. Dynastie v. Kisch (8 Könige – 3195 Jahre) / Dynastie von Hamasi (Hadanisch – 360 Jahre) / II. Dynastie von Erech (?) / II. Dynastie von Ur (4 Könige – 108 Jahre) / Dynastie von Adab (Lugal-an-ni-mu-nu-du – 90 Jahre) / Dynastie von Mari (6 Könige – 136 Jahre) / III. Dynastie von Kisch (Ku-Bau – 100 Jahre). – Auch für diese Namen und Daten gilt das oben Gesagte.

**Altbabylonien (Übergang zu [früh]historischen Personen und Daten):**

*Mesilim* von Kisch (um 2600) ist erster Oberkönig mit Nippur als religiösem Zentrum

*Urnansche* von Lagasch (um 2500) schüttelt die Oberhoheit von Kisch ab. In den Auseinandersetzungen mit Ur setzt sich Lagasch durch und festigt die Vorherrschaft; Auseinandersetzungen mit der Priesterschaft führen zur Stärkung der Macht von Umma: *Lagalzaggesi* von Umma übernimmt um 2360 die Oberherrschaft über Lagasch, Ur, Uruk, Lara, Kisch und Nippur, dringt bis zum Mittelmeer vor und nennt sich »König der Länder«. Gegen ihn erhebt sich Akkad.

**2. Akkadische Zeit** (2.350 bis 2.150 v. Chr.):

*Sargon I.* (2350–2330) bezwingt den letzten sumerischen König dank seiner flexibleren Kampftechnik und begründet eine zentralistischen Großstaat. Er nennt sich »Herrscher der vier Weltteile« und fügt zur Herrschaft in Süd- und Nordmesopotamien auch die Macht über Elam, Teile von Syrien und Kleinasien. Seine neue Hauptstadt wird Akkad, er ersetzt das Sumerische durch die akkadische Amtssprache (auch die Bezeichnung der Gottheiten) und versteht sich als Gottkönig. Unter seinen insgesamt acht Nachfolgern Aufstände in verschiedenen Teilen des Reiches.

*Naramsin* (2270–2230) erneuert die Macht des Reiches, wird als »Gott von Akkad« verehrt. Kämpfe in Südarabien und im Zagrosgebirge bringen nicht viel ein. Nach seinem Tod verfällt das Reich und die einzelnen Teilstaaten verselbständigen sich.

**3. Gutäer-Zeit** (2.150 bis 2.065 v. Chr.):
Fremdherrschaft der aus dem Nordosten (Iran) einfallenden Gutäer, deren genaue Herkunft (Sprache) unbekannt ist, auch von ihrer Kultur ist nichts Nennenswertes geblieben.

König *Utuchengal* von Uruk befreit Mesopotamien von der Fremdherrschaft, vertreibt die Gutäer, kann aber die Früchte seines Sieges nicht ernten, da die III. Dynastie von Ur die Herrschaft über Mesopotamien an sich reißt und eine Restauration des Sumerertums versucht.

**4. Neusumerische Zeit** (2.050 bis 1.960 v. Chr.):
*Urnammu* von Ur stellt das Reich von Sumer und Akkad wieder her. Unter *Schulgi* werden die Stadtkönige zu Provinzstatthaltern ernannt; die sumerische Literatur erreicht ihren Höhepunkt. Unter *Bursin* und *Schusin* dringen westsemitische Stämme aus Kanaan in das Reichsgebiet ein; dagegen werden am mittleren Euphrat Befestigungsanlagen errichtet. Auseinandersetzungen mit dem König von Mari und Kämpfe gegen die Elamiter schwächen die neue Herrschaft der Sumerer. Unter *Ibbisin* gieb es zwar neue Handelsbeziehungen nach Indien, es gelingt ihm aber nicht, die Herrschaft entscheidend zu festigen.

Mit dem Tod von Ibbisin endet die sumerische Herrschaft, und es folgt eine semitische Dynastie, ehe um 1800 Assur die Herrschaft übernimmt. Man spricht vom **Altassyrischen Reich** (1800–1375), zugleich aber von der **Akkadisch-Assyrisch-Babylonischen Epoche** in Mesopotamien.

# Der Glaube der Sumerer und Akkader

Schon in frühester Zeit war die *Hörnerkrone* das charakteristische Attribut göttlichen Wesens. Daraus ist zu schließen, dass die ältesten Sumerer den überall im Vorderen Orient bezeugten neolithischen **Stierkult** praktizierten und mit dem Symbol der Stierhörner die göttliche Macht zum Ausdruck brachten (der Donner wurde mit dem Brüllen der Stiere verglichen und so Wetter- und Stiergott in eins gesehen – als himmlisches Wesen, das aber konkreten Bezug zum menschlichen Alltag hat).

Die ältesten sumerischen Keilschrift-Texte zeigen bereits einen entfalteten Götterhimmel (was darauf hinweist, dass diesen schriftlichen Niederschlägen eine längere Entwicklungszeit vorangegangen sein muss, die aber schriftlich nicht belegt werden kann). Die sumerische Religion war von Anfang an ausgesprochen polytheistisch und zeigt keinerlei monotheistische Ansätze, wie manchmal behauptet wurde. Der Götterkatalog variiert jedoch in den einzelnen Dynastien und oft von einem Herrscher auf den anderen beträchtlich.

Eingehende Forschungen von Nikolaus Schneider in den fünf Urkundenarchiven von Lagasch, Umma, Puzurischdagan, Nippur und Ur ergaben nicht weniger als 638 verschiedene Namen von Gottheiten, vergöttlichten Herrschern und Gegenständen – und dies nur für einen Untersuchungszeitraum von 50 Jahren! –, die in Personennamen vorkommen oder sonst wie in Beziehung (Anrufungen, Heiligtümer etc.) zu einzelnen Menschen (vor allem hochgestellter Persönlichkeiten) stehen.

Es gab eine *Dreiheit von Hochgöttern*: **An** (= Herr des Himmels) – **Enlil** (= Herr der Luft) – **Enki** (= Herr der Erde/des Wassers). Diesen entspricht eine *Dreiheit von Astralgottheiten*: **Nannal-Suen** *(akkad. Sin)* – **Utu** (akkad. *Schamasch*) – **Inanna** (akkad. *Ischtar*). Die Göttin **Nammu** (= Urmeer) ist die »große Mutter, die Himmel und Erde gebar«, nämlich **An** und **Ki** (= Erde) als männliches und weibliches Prinzip gedacht, die als *hieros gamos* (= heiliges Paar) miteinander verschmelzen. Aus dieser Vereinigung entstand Enlil, der seine Eltern voneinander löste, also Himmel und Erde trennte.

## Enki und die Weltordnung

*Enki, der König des Abzu (= Süßwasserozean innerhalb der Erde), überwältigend in seiner Majestät, spricht mit Vollmacht:Mein Vater, der König des Alls, mein Ahne, der König aller Länder, sammelte alle me (= Ordnungsstrukturen) und legte sie in meine Hand.*

*Ich bin der erstgeborene Sohn des An.*

*Ich bin der große Sturm, der vom »großen Unten« ausgeht, ich bin der Herr des Landes.*

*Ich bin der Vater aller Länder.*

*Ich bin der große Bruder aller Götter.*

*Ich bin der, der volles Gedeihen bringt.*

*Ich hüte die Urkunden über Himmel und Erde.*

*Ich bin Ohr und Geist aller Länder.*

*Ich lasse Gerechtigkeit walten zusammen mit König An.*

*Ich bin der, der die Schicksale bestimmt mit Enlil (= Gott des Luftraums) im Berg der Weisheit. In meine Hände legte er die Bestimmung der Schicksale.*

*Ich bin der, der dem Nintu (= Muttergottheit) schuldige Ehrfurcht erweist. Ich bin der, dessen Ruf Ninchursag (= Muttergottheit) verkündet. Ich bin der Führer der Anunnaki (= unterirdische Götter).*

*Ich bin der erstgeborene Sohn des heiligen An ... Ich bin der Herr, dessen Befehl unbestritten ist, ich bin der Erste unter allen. Auf meinen Befehl sind die Ställe gebaut worden, sind die Zäune der Schafhürden errichtet.*

*Als ich mich dem Himmel nahte, ergoss sich ein Regen für alles Gedeihen.,*

*Als ich mich der Erde nahte, war dort Wasser im Überfluss.*

*Als ich mich der grünen Wiese nahte, wurden Dämme aufgehäuft ... (darauf wird berichtet, wie Enki alles ordnete!)*

*Er richtete Pflug und Joch. Der erhabene Fürst öffnete die heiligen Saatfurchen, ließ das Getreide auf dem bestellten Feld wachsen.*

*Den Herrn, der das Diadem trägt, den Starken, den Bauer des Enlil, Enkimdu (= Gott des Ackerbaus), den Herrn der Gräber und Deiche, setzte Enki amtlich dafür ein.*

An (= Himmel) ist der Gottkönig schlechthin, er wird noch als oberster Gott bezeichnet, steht aber hinsichtlich Kult bereits im Hintergrund, wichtiger sind **Enlil** (= Gott des

Sturmwindes) und *Enki* (= Herr der Erde); *Enlil* entstand aus der Vereinigung von *An* (Himmel) und *Ki* (Erde) und trennte seine Eltern, so dass seither der Himmel weit oben und unzugänglich ist. *Enki* ist der Herr von *Tilmun*, des »wahren Paradieses«. Eines Tages isst *Enki* eine eben erschaffene Pflanze, ohne vorher wie üblich ihr Geschick und Wesen *(me)* zu bestimmen, und wird deswegen schwach und krank. Seine Ehefrau *Ninchursag* heilt ihn schließlich.

Dieser Mythos beschwört das Paradies, wo es kein Leid und keine Krankheit gibt, schildert das paradoxe Drama des kranken Paradiesgottes und stellt Heilung in Aussicht. Interessant ist, dass die Ordnung nicht automatisch geschieht, dass sich auch die Götter verfehlen können und dass alles eine Entwicklung (zum Guten) haben kann.

Der Haupttempel des Himmelsgottes *An* befand sich in *Uruk*. Die Frau *Ans* ist *Antum*, zeitweilig auch *Inanna*, die bald die Verehrung *Ans* aus Uruk verdrängt. *Enlil* nimmt im sumerisch-akkadischen Pantheon die bedeutendste Stellung – vor allen anderen Gottheiten – ein, er wird am meisten verehrt und kommt in fast allen Götterlisten vor, seine Stadt ist *Nippur*. Er ist mit *Ninlil* verheiratet, die zeitweise als die »Mutter aller Götter« angesehen wird.

Die Götter tragen die **Verantwortung für die kosmische Ordnung**, daher muss der Mensch den Normen der Götter folgen, wenn Welt und Gesellschaft funktionieren sollen. Die kosmische Ordnung wird aber ständig bedroht und gestört durch die Große Schlange (= Gefahr des Chaos) und durch die Vergehen und Verbrechen der Menschen. Durch Riten muss die gestörte Ordnung wiederhergestellt werden. Dasselbe bewirkt der Bau von **Tempeln** (der die Kosmogonie wiederholt: aus dem Chaos des Urmeers steigt der feste Urhügel [= Ziqqurat], um den herum sich die Stadt der Menschen entfaltet). Der sumerischen Tradition zufolge wurden die wichtigsten Städte von den Göttern selbst gegründet, mit Namen benannt und als Kultzentren bestimmt. Später wurde den Königen der Plan der Stadt mitgeteilt, da jede Stadt ihren Archetypus (= Urform) in **Sternbildern** hat. Hier merkt man schon sehr früh den Einfluss der Sternleser (Astrologen), die einen wichtigen Stellenwert in der sumerischen und noch viel mehr in der späteren, babylonischen Kultur haben.

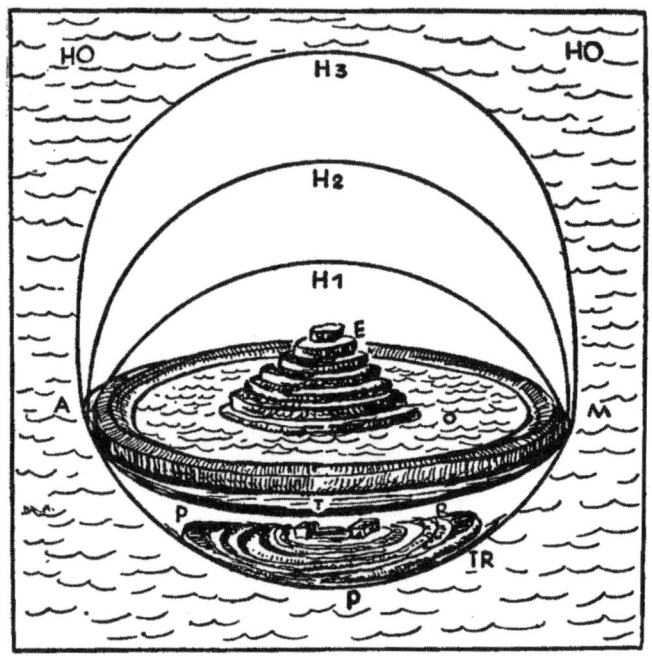

*Altbabylonisches Weltbild: E = Erde, H 1–3 = 1 .bis 3. Himmel, HO = Himmlischer Ozean, O = Irdischer Ozean, T = Tiefe des irdischen Ozeans, A = Abend (Westen), M = Morgen (Osten), P = Totenreich, TR = Die sieben Mauern und der Palast des Totenreichs.*

Das **Neujahrsfest** bedeutet die kultische jährliche Regeneration des Staates: Hier wird rituell alles nachvollzogen, was mythisch als Kosmogonie, Theogonie und Anthropogonie, als heilige Ordnung, Störung der Ordnung und Wiederherstellung der Ordnung erzählt wird. Die große *Sintflut* dient in makrokosmischem Maßstab demselben Ziel: Vernichtung der sündigen Welt und Hervorrufen einer neuen, besseren Welt.

Das Dreigestirn der **Astralgottheiten** Mond *(Nanna-Suen)*, Sonne *(Utu)* und Venus *(Inanna)* steht anfangs eher im Hintergrund. Mond und Sonne erleben erst in der neu-sumerischen Zeit als Mondgott *Sin* und Sonnengott *Schamasch* eine Blütezeit. Inanna aber (später als Ischtar und Astarte eine zentrale Göttergestalt im Vorderen Orient) erreicht schon damals als Göttin des Planeten Venus (Morgen- und Abendstern) eine große kultische und mythologische Aktualität – als Göttin der Liebe und gleichzeitig des Krieges. Ihre Persönlichkeit war schon in altsumerischer Zeit in vielen Einzelheiten umschrieben.

Der **Inanna-Mythos** beginnt mit der Liebe der Göttin zum Hirten *Dumuzi,* der dadurch zum Stadtkönig von Uruk erhoben wird. Als Inanna (die Schutzgöttin Uruks) beschließt, in die Unterwelt, das Reich ihrer Schwester *Ereschkigal,* hinabzusteigen, um es zu erobern, beginnt das unheilvolle Geschick des *Dumuzi.* Denn *Inanna* wird durch den »Blick des Todes« von ihrer Schwester gebannt. Damit kommt die gesamte Fortpflanzung (bei Mensch und Tier) zum Stillstand, und tödliche Gefahr bedroht die Erde. Die Götter helfen nicht, weil Inanna gegen das Gesetz der Ordnung verstoßen hat. Schließlich befreit sie *Ninschubur,* ein Freund *Enlils,* indem er zwei Boten in die Unterwelt schickt, die ihr »Speise des Lebens« und »Trank des Lebens« reichen und sie dadurch retten. Die sieben Richter der Unterwelt lassen sie allerdings erst dann frei, wenn sie einen Ersatzmann stellt. Auf der Suche nach einem solchen verdammt *Inanna* ihren Ehemann *Dumuzi* dazu, weil sie ihn, nach Uruk zurückgekehrt, als alleinigen Herrn der Stadt vorfindet, der ihr keinen Gedanken nachgesandt hat. Dumuzi flieht zu seinem Schwager *Utu,* dem Sonnengott, und wird von ihm in eine Schlange verwandelt. So kann er sich Inanna entziehen und gelangt zu seiner Schwester *Geschtinanna*, die sich schließlich bereit erklärt, jeweils ein halbes Jahr den Platz Dumuzis in der Unterwelt einzunehmen.

Wahrscheinlich steckt bereits in diesem alten Mythos die Wurzel für die *Ischtar-Mysterien,* die den Kreislauf der allgemeinen Fruchtbarkeit sichern helfen sollten. Auch der im Vorderen Orient später weit verbreitete *Tammuz-Kult* (sum. *Dumuzi* = akkad. *Tammuz*), der das neolithische Ackerbau-Mysterium aufgreift und zum Prinzip der einheitlichen Welterklärung macht (Leben bedeutet Teilhaben am kosmischen Rhythmus des Werdens, Vergehens und Neuwerdens), geht auf diesen Mythos der »Höllenfahrt der Inanna/Ischtar« zurück. Die sumerisch-akkadischen Könige verkörperten beim Neujahrsfest den Tammuz und waren so unmittelbar in die Versöhnung von menschlicher und göttlicher Ebene einbezogen.

Hans Sterneder ist den Entsprechungen zwischen dem Jahreszeiten- bzw. Tierkreiszeichen-Zyklus nachgegangen und bietet zugleich auch eine plausible Erklärung für die astrologischen Zodiak-Symbole an. Der folgende Text bietet eine kurze Hinführung zum Verständnis: Die Göttin der Fruchtbarkeit klopft an die Tore der Unterwelt und muss bei jedem der sieben Tore einen Teil ihres siebenfältigen »lieblichen Schmucks ihrer Freuden« dem Pförtner aushändigen. Es beginnt bei der Krone. Diese Krone ist das Symbol des *September*-Sternzeichens Waage. Wie der Name andeutet ist es der siebte Monat des zwölfteiligen Werde-und-Vergehens-Zyklus der Jahreszeiten (den man früher mit dem März begonnen hat). Da sie in die Unterwelt geht, verläuft ihr Weg »gegensonnen«, und sie verliert nach der September-Krone die August-Ohrgehänge, die Juli-Halskette, den Juni-Brustschild, den Mai-Hüftgürtel, die April-Hand/Fußspangen und das März-Schamtuch, bis zuletzt nackt, d. h. aller Lebenshilfen beraubt, vor der Todesgöttin steht. Sie ist gegen die Ordnung nach *Kur,* ins »Land ohne Wiederkehr« eingedrungen, doch erreicht sie schließlich, dass das Leben nach fünf Monaten scheinbaren Todes (Winter) wiederkehren kann, denn mit der Wintersonnenwende wendet sich das Schicksal des Lebens, beginnt im Sternzeichen des Steinbocks (Januar) wieder aufzusteigen und bricht im Widder (März) siegreich aus dem vorher scheinbar toten Boden hervor, um – in der richtigen Richtung mitsonnen – die sieben Stufen der Lebensentfaltung zu durchschreiten. Wir haben hier eine tiefsinnige Erklärung des Fruchtbarkeitsglaubens vorliegen und eine sehr hilfreiche Einführung in das mythische Denken dieser frühen Hochreligion, die die kosmischen Gesetze vorstell- und nacherlebbar macht.

Die **Vergöttlichung eines Herrschers** wurde später, in der babylonischen Zeit, allgemein üblich, war aber in der sumerischen Zeit eher selten. *Naramsin,* der Enkel Sargons, tat als erster diesen Schritt und ließ sich als »Gott von Akkad« verehren und mit der Hörnerkrone darstellen. Er nahm sich selbst in das sumerisch-akkadische Pantheon auf, baute aber zugleich auch den großen Göttern Tempel und kam allen Verpflichtungen hinsichtlich Kult und Verehrung mit großem Eifer nach.

Erst die vier Nachfolger des Usurpators Urnammu, der den letzten Herrscher von Uruk beerbt hatte, Schulgi, Bursin, Schusin und Ibbisin, nannten sich wie Naramsin Gott und beanspruchten alle einem Gott zustehenden Opfer, Gebete, Verehrungen, Priester usw. – alles wohlgeordnet, zu bestimmten festgelegten Zeiten an den neu errichteten Kultorten in einer heiligen Handlungsabfolge, wie es der damaligen Religions- und Glaubensauffassung entsprach. Das nachfolgend zitierte Gebet zeigt diese typischen Züge einer verwalteten Religiosität, lässt aber zugleich erkennen, wie sehr sich das akkadisch-semitische Erbe im Sinne eines religiösen Individualismus im sumerisch-akkadischen Synkretismus durchgesetzt hat:

### Herzberuhigungslied für jeden Gott

*Möge sich der Zorn im Herzen meines Gottes mir gegenüber beruhigen,*

*möge sich der Gott, den ich nicht kenne, mir gegenüber beruhigen, möge sich der Gott, den ich kenne oder nicht kenne, mir gegenüber beruhigen, möge sich die Göttin, die ich kenne oder nicht kenne, mir gegenüber beruhigen.*

*Möge sich das Herz meines Gottes mir gegenüber beruhigen, Möge sich das Herz meiner Göttin mir gegenüber beruhigen …*

*O Gott, den ich kenne oder nicht kenne, meine Übertretungen sind zahlreich, und groß sind meine Sünden …*

*Die Übertretung, die ich begangen habe, kenne ich wirklich nicht. Die Sünde, die ich begangen habe, kenne ich wirklich nicht. Das Verbotene, das ich gegessen habe, kenne ich wirklich nicht.*

*Das Untersagte, auf das ich meinen Fuß gesetzt habe, kenne ich wirklich nicht.*

*Der Herr sah mit Zorn im Herzen auf mich, der Herr begegnete mir mit Wut im Herzen, die Göttin, die zornig auf mich war, machte mich krank …*

*Ich stoße Klagen aus, aber niemand hört mich, ich bin unruhig, bedrückt, ich kann nicht sehen.*

*O mein Gott, barmherziger, an dich richte ich das Gebet:*
*wende dich mir zu; ich küsse die Füße meiner Göttin, ich*
*krieche vor dir ...*
*Die Sünde, die ich getan habe, wende sie zum Guten, die*
*Übertretung, die ich begangen habe, lass den Wind weg-*
*tragen. Meine Vergehen streife ab wie ein Kleid.*
*O mein Gott, meine Sünden sind sieben mal sieben, nimm*
*sie hinweg ...*
*Möge dein Herz, wie das Herz einer wahrhaftigen Mutter,*
*mir gegenüber beruhigt sein, wie das Herz einer wahrhafti-*
*gen Mutter und eines wahrhaftigen Vaters möge es mir ge-*
*genüber beruhigt sein.*

Nicht nur Herrscher wurden vergöttlicht und verehrt, son-
dern auch leblose Gegenstände wie Fürstenstatuen, Götter-
throne, -embleme und -waffen, kultische Musikinstrumente
*(balag)* sowie Opferstellen *(bagar)*. Und das ist einfach die
Übertragung der Vergöttlichung makrokosmischer Natur-
Größen (Sonne, Mond, Sterne, Himmel, Erde, Luft, Wasser,
Blitz und Donner) auf die mikrokosmische Kultwelt, die vom
Menschen gefertigt wird.

Natürlich gehören hierher auch die vielen bildlichen Darstellungen der Gottheiten in Plastik, Relief und Mosaik. Und
es ist interessant, dass mehr als in anderen vergleichbaren
Religionen die Götter total vermenschlicht dargestellt werden.
Die einzige Unterscheidung ist meist die Hörnerkrone (bis zu
vierpaarig), da es keinerlei Anzeichen einer Durchgeistigung
und Entmaterialisierung der Göttergestalten gibt, um sie von
Menschen zu unterscheiden.

Der anthropomorphe Umgang mit der Darstellung der
Gottheiten äußert sich natürlich vor allem auch in den
Häusern, die man den Göttern erbaut und die man ihnen und
ihrem Hofstaat feierlich übergibt, indem man sie einlädt, hier,
im Zentrum der Lebenswelt, zu wohnen und die Verehrung
der Gläubigen entgegen zu nehmen. Diese **Tempel** stechen
freilich die Wohnungen und Häuser der Menschen – inklusive
der Königspaläste – hinsichtlich Ausdehnung und Ausstattung
eindeutig aus, denn das dauerhafteste Baumaterial (Stein) wurde dafür verwendet.

Es gab aber nicht »ein« Götterhaus für alle, sondern jeder
Haupt- und Lokalgott bekam »sein« Haus. Vielleicht liegt

darin auch ein Grund dafür, dass der Nations- und Reichs-Gedanke in Mesopotamien nie sehr tragfähig war.

Die Aufgabe, Tempel zu bauen, stand nicht dem Priester-kollegium oder Privaten, sondern ausschließlich dem Fürsten oder König zu. Deshalb gehörten auch Gründungsurkunden von Tempeln mit zu den ältesten erhaltenen Schriftzeugnissen. Die älteste stammt von König *Aannipadda* von Ur um 2.500 v. Chr.: *»Für Ninchursag hat Aannipadda, König von Ur, Sohn des Mesannipadda, Königs von Ur, den Tempel erbaut.«*

Tempel wurden immer auf einer erhöhten Terrasse errichtet und der gesamte Tempelplatz mit einer Schutzmauer umge-ben. Nach außen wirken die Tempel daher wie Festungen. Neben dem Hauptraum mit dem Heiligtum der Hauptgottheit und Kapellen für wichtige Nebengottheiten gab es eine mehr oder weniger große Anzahl von Nebenräumen für die Pries-terschaft, als Aufbewahrungsort für Kultgegenstände usw. Holz und Steine mussten aus dem Ausland importiert werden – nur Lehmziegel konnten in Mesopotamien gefertigt werden.

Der bedeutendste Annex eines gesamtmesopotamischen Tempels bildete ein Stufenturm, von den Akkadern Ziqqurat (das sumerische Wort dafür ist unbekannt). Typisch für diese Stufentürme ist, dass jeweils nach einigen Höhenmetern eine neue Terrasse den Turm unterbricht, der darauf in kleinerem Ausmaß weitergeführt wird (drei- bis sieben Mal). Den Ab-schluss bildet ein kleiner Tempel auf der obersten Plattform. Außen führen Treppen hinauf, die an jeder Terrasse neu anset-zen.

Der besterhaltene Ziqqurat ist der von Muqajjar, dem alten **Ur,** der angeblichen Heimat **Abrahams**, des Stammvaters der drei monotheistischen Religionen Judentum, Christentum, Islam. Der Ziqqurat von Ur wurde von Urnammu auf den Überresten eines noch älteren Ziqqurat erbaut und hat eine untere Terrassenfläche von 60 mal 45 Meter; er war dreistufig und insgesamt 21 Meter hoch. Er war nur aus Ziegeln erbaut, außen gebrannt, innen ungebrannt. Der unterste Teil war schwarz bemalt, der mittlere rot, der oberste blau. Er war dem Stadtgott *Nannar* und seiner Gattin *Ningal* geweiht.

Welche Bestimmung die Ziqqurats hatten, ist bis heute un-klar geblieben – die Erklärungen »künstlicher Berg«, »Obser-vatorium« usw. sind alle nicht restlos überzeugend.

An der Spitze der Priesterschaft eines Tempels steht der »Priesterherr« *(en)* – seltener eine »Priesterherrin« *(nin),* z. B. bei Baü (Baba, Tochter des An, Gattin des Ningirsu) –, dessen Ernennung unter Aufsicht des Königs durch das Los erfolgt und einen Staatsakt darstellt. Ihm unterstanden Salbpriester, Magier, Seher, Beschwörer, Klagepriester und Sänger bzw. Sängerinnen, Hierodulen, Klagefrauen und Wahrsagerinnen – ohne dass man die Funktionen in Ermangelung von Texten im einzelnen genauer umschreiben könnte. Es gab regelmäßige Feste am Jahresanfang, Jahreszeitanfang, Monatsanfang (auch -mitte und -ende). Dazu gab es Gelegenheitsfeste bei Regierungsantritt, Priesterherr-Wahl, Aufstellung von Statuen, bei Siegen usw.

*Rundplastik »Betende« aus dem Abu-Tempel von Eschnunna (3. Jt. v. Chr.). Die weit aufgerissenen Augen äußern Glaube, Demut, Furcht und Ergriffenheit.*

Der Kult bestand in erster Linie im Gebet, in Prozessionen, Huldigungen und Opfern. Die Inhalte der textlich erhaltenen Gebete sind eher auf Materielles ausgerichtet, halten eine gewisse Hierarchie ein, so dass man den für die Stadt zuständigen Gott um Fürbitte bei anderen Gottheiten ersucht, jedoch sehr emotional-innig formuliert, wie die beiden Gebete des Königs von Lagasch, Gudea erkennen lassen:

*Damit Ningirsu Frucht bringen lasse die großen Felder, damit er hoch mache die Wasser der Kanäle und Gräben von Lagasch, damit er strahlen lasse den Weizen, damit er Fische setze in die Teiche, schöne Rohrpflanzungen setze, damit er erbaue die Stadt, hinstelle die Wohnungen, damit er viel mache das Öl, damit er die Tränen fließender Augen verringere, dem trauernden Herzen vermindere die Klagen.*

Oder das Gebet ruft einen Fluch über Ungehorsame herab, wie es ebenfalls von Gudea überliefert ist:

*An, Enlil, Ninchursag, Enki, Enzu ... (und weitere zwölf Gottheiten) sollen ändern sein Geschick; wie die eines Ochsen sollen sie seine Tage zerschlagen, wie die eines Wildstiers sollen sie zur Erde niederlegen seine ungestüme Kraft; seinen Thron, den dieser Mann errichtet hat; Überschriften und Namen auszulöschen sollen sie bedacht sein; seinen Namen aus dem Tempel seines Gottes von den Inschriften sollen sie entfernen; sein Gott soll die Plagen seines Volkes nicht beachten, die Regen des Himmels sollen abgewendet werden, die Wasser der Erde sollen abgewendet sein, wie ein Mann ohne Namen soll er davon gehen.*

Die Opfer drücken Huldigung und Anbetung, Bitte und Sühneleistung aus. In den ältesten Wirtschaftstexten finden sich mehr als tausend auf Opfer bezogene Zeugnisse – vor allem in Puzurischdagan in der Nähe von Nippur, wo König Schulgi von Ur einen Sammelplatz für die verschiedenen Opfertierarten erbauen ließ, die von hier aus auf die verschiedenen Heiligtümer verteilt wurden. Jedes einzelne Tier wurde offensichtlich genau nach Art, Alter, Geschlecht, Opferanlass und Tag der Einlieferung registriert. Es handelte sich vor allem um Schafe, aber auch Rinder, Ziegen, Schweine, Vögel, Fische und sogar Wild. Daneben gab es für unblutige Opfer Getreide, Mehl, Datteln, Feigen, Öl, Milch, Honig, Brot und Kuchen – dazu Wein, Bier, Milch und Wasser. Auch Parfüms wurden als Opfergaben verwendet, dazu Kleider, Schmucksachen und Brautgeschenke bei Götterhochzeiten.

Auch hier wird wieder deutlich, wie **anthropomorph** die Gottesvorstellung der alten Sumerer und Akkader war. Es fehlen jegliche textliche Hinweise auf einen Jenseitsglauben, trotzdem war er offensichtlich vorhanden, was aus den zahlreichen Grabbeigaben zu schließen ist.

Da in der Religion der alten Sumerer und Akkader der Mensch im Mittelpunkt stand, soll abschließend noch über die **Ursprungsmythen des Menschen** berichtet werden. Da sie sehr verschieden sind, ist mit mehreren Traditionen zu rechnen:

Ein Mythos berichtet, dass die Menschen gleich Gräsern der Erde entsprossen sind.

Nach einer anderen Version wurde der Mensch von Gottheiten aus Lehm geformt und die Göttin Nammu (Mutter des Enki) formte das Herz, während ihm Enki das Leben gab.

Andere Texte nennen die Göttin Aruru als Schöpferin der Menschen.

In einer vierten Version werden die Menschen aus dem Blut der zu diesem Zweck geopferten beiden Götter Lamga gebildet.

Es bestand also zwischen Gottheiten und Menschen kein unüberbrückbarer Abstand oder gar Gegensatz. Die Menschen sind die Diener der Götter, aber nicht ihre Sklaven, sie ahmen sie nach und arbeiten mit ihnen zusammen. Da die Götter für die kosmische Ordnung verantwortlich sind, die sie begründet haben, müssen die Menschen der in der Natur und in der Gesellschaft innewohnenden Ordnung *(me)* folgen, die ihnen schicksalhaft vorgegeben ist.

Das Königtum ist vom Himmel herabgestiegen (deshalb Tiara und Thron) – nach der Sintflut sogar ein zweites Mal – und symbolisiert die Verbundenheit von Himmel und Erde in besonderem Maße, wobei der Nachrang der irdischen Wirklichkeitsebene immer klar bleibt, da man sozusagen die Archetypen (= Urbilder) der irdischen Ordnung im Himmel weiß. Es ist zwar in der Frühzeit Mesopotamiens nicht belegt, doch es gibt deutliche Entsprechungen zwischen »oben« und »unten«.

# Der Glaube der Babylonier und Assyrer

Wie schon in der Zeittafel Sumerer-Akkader vermerkt, wurde die III. Dynastie von Ur und damit das *Neusumerische Reich* unter König Schusin von westsemitischen Stämmen (Kanaanäer) bedrängt, die sich am Euphrat festsetzten und in Isin, Larsa und Babylon eigene Staaten bildeten. Die schnell errichtete Befestigungslinie am mittleren Euphrat nützte wenig, weil auch die Assyrer (die seit 2.500 am oberen Tigris und am Großen Zab mit dem Zentrum Assur ein eigenes Reich gebildet hatten) sowie die Elamiter im Osten und das Königreich Mari im Nordosten das Sumerer-Reich bedrängten und schließlich in der Mitte des 20. Jh. v. Chr. das Ende der sumerischen Oberherrschaft herbeiführten.

Bis zur Machtübernahme durch den großen **Hammurabi von Babylon** 1728 gab es verschiedene politische Bündnisse und Machtverschiebungen. Sie nahmen eine entscheidende Wende, als sich die seit 2.500 v. Chr. am Oberen Tigris und Großen Zab siedelnden Assyrer um 1800 in Nordmesopotamien durchsetzten und das *Altassyrische Reich* mit der Hauptstadt **Assur** begründeten, das bis 1375 Bestand hatte.

Die Assyrer waren ein Mischvolk aus nicht-sumerischen Gruppen der alten Tell-Half-Kultur, den am mittleren Tigris lebenden Samarrern, deren Töpferei-Produkte besondere Aufmerksamkeit verdienen, und semitischen Einwanderern aus Syrien. Ihm drohte in der Folge immer wieder Gefahr von den **Hethitern**, die oftmals die Handelsbeziehungen zum Norden und Nordwesten unterbrachen und damit die wirtschaftliche Macht des Altassyrischen Reiches schwächten.

König **Naramsin von Eschnunna** – bekannt durch seine Gesetzessammlung – nützte diese Schwäche Assurs und übernahm kurzfristig die Macht, wurde aber seinerseits von **Schamschiadad I.** (1749–1717) abgelöst, der Teile der Gebirgsländer Mesopotamiens und das Königreich Mari vereinigen konnte und durch andere Bündnisse kurzfristig über ein relativ großes Reich herrschte, das freilich seinen selbst verliehenen Beinamen »König der Gesamtheit« kaum rechtfertigte. Schon sein Sohn *Ischmedagan* wurde von *Rimsin von Larsa* besiegt und schließlich Vasall des großen **Hammurabi von Babylon** (1728–1686?; diese Zeitangabe ist umstritten), der

*Oberteil der Gesetzesstele des Hammurabi (gest. 1750 v. Chr.). Der 2,25 m hohe Basaltblock enthält 282 Gesetze im Wortlaut, der Oberteil zeigt Hammurabi vor dem thronenden Schamasch (= Gott des Lichtes und des Rechts).*

sich in einem fünfzehnjährigen Kampf zuerst gegen Eschnunna, Qatna und Jamschad und schließlich auch gegen seine langjährigen Partner Rimsin von Larsa und Zimrilim von Mari durchsetzte und ein Reich errichtete, das im Norden bis Haran und Ninive, im Süden bis zum Golf von Persien und im Südosten bis nach Susa, der Hauptstadt von Elam, reichte.

Der berühmte **Codex Hammurabi** (um 1700 v. Chr.), der sich auf das *ius talionis* stützte (»Aug um Auge, Zahn um Zahn«), war zwar nicht der älteste Rechts-Codex (es gab in Mesopotamien bereits ca. 2.500 v. Chr. den *Codex Urnammu* und die Gesetzessammlung des Naramsin von ca. 1760), er stellte aber doch insofern eine zivilisatorische Novität dar, weil seine rigiden Strafandrohungen als beste Basis für die Rechtssicherheit in einer stark multikulturellen Sozietät angesehen wurden. In den Rechtsbüchern semitischer, teilweise aber auch christlicher Zivilisationen wurde der Codex Hammurabi jedenfalls oft als Vorbild angesehen, und im Religionsgesetz der islamischen *Scharia* ist er bis heute lebendig geblieben.

Die Verwaltungs- und Kultursprache unter dem Amoriter Hammurabi, der sich aber als **Babylonier** fühlte, war das Akkadische – eine semitische Sprache. Dies ist daraus zu erklären, dass sich die anfangs stark von den Sumerern entwickelte und dominierte mesopotamische Kultur – vor allem im literarischen und religiösen Bereich – erst jetzt zur vollen Blüte entwickelte, als auch die Akkader, Amoriter, Aramäer und Araber ihren Beitrag dazu leisteten.

Von den Sumerern kam das Streben nach Ordnung, Regeln und Sicherheit, auf Seiten der Semiten waren es die persönliche Willenskraft, das Machtstreben und die Fähigkeit zur Assimilation und Synthese, die diese Hochkultur – und Hochreligion – möglich machten. (F. de Liagre Böhl).

Dies hatte freilich schon vor der Machtübernahme Hammurabis in der sogenannten **Isin-Larsa-Periode** begonnen. Seit der Erhebung **Babylons** zur Hauptstadt und des Stadtgottes **Marduk** zum Hauptgott spricht man von der **Babylonischen Kultur und Religion** – und »diese synkretistische Vermengung von verschiedenen Volksreligionen zu einem polytheistischen System auf sumerischer Grundlage« (F. M. Th. de Liagre Böhl) blieb trotz der wechselvollen Geschichte 14 Jahrhunderte bis zu Alexander dem Großen wirksam – und machte dann dem nächsten starken Synkretismus Platz, den man **Hellenismus** nennt (siehe im Band DER GLAUBE DER ALTEN GRIECHEN UND RÖMER).

Die **Religion der Babylonier und Assyrer** kann man zusammenfassend so charakterisieren:

Das ganze Leben der Babylonier ist von ihrer Religion durchflochten, da die Welt außermenschlicher Mächte immer und überall die Menschen umgibt und in ihre Leben eingreift.

Diese Religion ist ausgeprägt *polytheistisch* (mehr als 3.000 Götternamen wurden gezählt), aber den verschiedensten Gottheiten gegenüber tolerant eingestellt, weil man in den Göttern die personifizierte Harmonie des Kosmos sieht.

Der Glaube der Babylonier und Assyrer ist aber nicht nur *kosmisch*, er ist auch *astral*. Die Gestirne sind Vertreter des Göttlichen, ja das Göttliche selbst. In der Himmelsschrift der nächtlichen Sterne spiegelt sich für sie das irdische Leben.

Sie war eine *konservative Religion*, die zwar Neues zuließ, aber immer mit dem Alten harmonisierte. Marduk dominierte, aber er wurde mit den bisherigen führenden Gottheiten identifiziert oder ihnen gleichgestellt – sie wurden nicht verdrängt, geschweige denn eliminiert. Dies lässt sich ganz deutlich im *Enuma Elisch*, dem berühmten Weltschöpfungsethos zeigen, das zwar die irdischen Verhältnisse spiegelt, aber keineswegs deren Abglanz ist.

Diese Religion war mit *Politik* verbunden: Marduk wurde während des Altbabylonischen Reiches als Stadtgott der

Hauptstadt Babylon von den anderen Göttern dem Enuma Elisch zufolge mit der Führungsmacht gestattet, doch Schamasch (der den sumerischen Utu ersetzte und in Larsa und Sippar Stadtgott war) war der überall Verehrte, weil die Sonne alle Menschen bescheint.

Das sogenannte *Enuma elisch* (= *Als droben*; es sind die Anfangsworte des sumerisch-babylonischen Schöpfungsmythos, die am 4. Tag des 12-tägigen Neujahrs-Festes im Frühlingsmonat Nisan rezitiert wurden und Teil des wohl berühmtesten babylonischen Textes, des *Gilgamesch-Epos* sind) gibt den besten Aufschluss über den Glauben der Babylonier und Assyrer, weil es Theogonie, Kosmogonie und Anthropogonie in einem bietet.

Am Anfang war das Urpaar *Apsu* und *Tiamat:* Süßwassergott und Salzwassergöttin, aus deren Vereinigung alle Götter entstanden. Die »jungen« Götter störten jedoch die Ruhe Apsus, der beschloss, sie zu vernichten, obwohl Tiamat dagegen sprach. Als diese davon erfuhren, beschlossen sie, Apsu zu töten und seines Glanzes zu berauben. Ihr Führer war *Ea* (= Enki, der »Herr der Tiefe«), der den Beschluss ausführte und die Herrschaft über den Süßwasserozean übernahm. Sein Sohn war der junge Frühlingssonnengott Marduk:

*Erzeugt ward Marduk in der Tiefe des Absu, in der heiligen Tiefe ward Marduk erzeugt.*

*Ea, sein Vater, war sein Erzeuger, seine Mutter Damkina trug ihn im Schoß.*

*Am Busen der Göttinnen ward er gesäugt, die Amme, die ihn pflegte, flößte ihm Schauervolles ein:*

*Üppig von Gestalt, mit funkelnden Augen, mannhaft von Wuchs und mannbar als Kind schon.*

*Da ihn Ea, sein Vater und Erzeuger, anschaute, ward sein Herz mit Frohlocken und Jubel erfüllt.*

*Er verlieh ihm vollkommene doppelte Gottheit, an Wuchs übertraf er jene bei weitem ...*

*Um zu hören, wuchsen ihm zwei Paar Ohren und mit gleichviel Augen gewahrte er alles –*

*Ein Riese an Gestalt, hoch über die Götter ...!*

Da stört der Himmelsgott *Anu* durch Wind und Wellen die Ruhe der Götter und *Tiamats*. Diese beschließt zu handeln und erschafft Schlangen, den »großen Löwen«, und andere

Wesen, »die den Kampf nicht fürchten«, wie das Ungeheuer *Kingu*. Sie heftete ihm die Schicksalstafel an die Brust und übermittelte ihm höchste Macht. Als keiner der Götter gegen ihn kämpfen will, übernimmt *Marduk* dieses Werk und lässt sich dafür von den Göttin mit aller Macht des Himmelsgottes und Höchsten ausstatten. Er tötet schließlich Tiamat, fesselt Kingu, raubt ihm die Schicksalstafel und heftet sie sich selbst an die Brust. Dann spaltet er Tiamats Schädel, teilt ihren Leichnam und schafft aus den Überresten das Himmelsgewölbe und die Erde. Darauf organisiert er den Himmel, die Sterne, die Zeit und gestaltet die Erde. Aus den Augen Tiamats strömen Euphrat und Tigris und »aus einer Locke ihres Schwanzes schuf er das Band zwischen Himmel und Erde« (V, 59).

Darauf beschließt er die Erschaffung der Menschen, »ihnen soll die Fronarbeit auferlegt werden zur Erleichterung der Götter« (VI, 8). Er tut dies, indem er dem gefesselten Kingu die Venen aufschneidet und aus seinem Blut die Menschheit bildet (VI, 30). Den Abschluss des Enuma Elisch bildet der Bericht über die Errichtung des Marduk-Tempels in Babylon.

Die Welt der Menschen ist also eine Mischung aus dämonischer Materie und göttlicher Form, durch die Tempel und Städte geheiligt, denn im Zentrum jeder Stadt, die voll ist von chaotischer und dämonischer Kraft wohnt der Stadt-Gott in ewiger Gegenwart und lenkt mit Kraft und Weisheit die Geschicke der Menschen. Der Unterschied zum sumerisch-akkadischen Glauben besteht in einem tragischen Pessimismus – der Mensch ist schon in seiner Genese vom Dämonischen beeinflusst und zum ewigen Dienst verdammt, nur seine göttliche Form berechtigt zu einer unbestimmten Hoffnung, Gnade und Verzeihung zu erlangen:

### An die babylonische Göttin Ischtar

*O Fackel, die Himmel und Erde erleuchtet, o Glanz aller Lande,*
*wütend im unwiderstehlichen Angriff, gewaltig im Kampfe!*
*Feuerbrand, der gegen die Feinde entfacht ist und die Vernichtung der Wüter bewirkt, Ischtar, die sie vor Schreck lässt erbleichen, wenn sie die Scharen zuhauf bringt!*
*Gottheit der Männer und Gottheit der Frauen, deren Ratschluss niemand ergründet:*

*Wo du hinblickst, wird der Tote lebendig, erhebt sich der Kranke, kommt zurecht der Verirrte, der dein Antlitz anschaut. Dich rufe ich an, dein Knecht, der geplagt ist, von Schmerzen gequält.*

*Sieh mich an, meine Herrin, nimm an – mein Flehen, schau auf mich in Gnaden, erhör mein Gebet. Gnade verkünde, dein Gemüt werde sanft:*

*Gnade für meinen schwachen Leib, voll Verwirrung und Unheil, Gnade für mein gequältes Herz, voller Tränen und Seufzer!*

Der numinose Charakter der Götter wird jetzt stärker betont: Sie flößen heilige Furcht ein und erstrahlen in erschreckendem Licht. Wahrsager, die in die Zukunft schauen können, treten auf und verkünden den Willen der Götter. Gewisse magische und okkulte Praktiken geben Einblick in das Schicksal (Astrologie) und ermöglichen eine entsprechende Steuerung.

Große Bedeutung kommt in dieser Zeit den *Mythen zu,* die aufgeschrieben (gesammelt, bearbeitet) und feierlich rezitiert werden, um Gott (Marduk) zu preisen. Am bekanntesten ist das bereits genannte, unter schwierigen Umständen aus vielen Bruchstücken rekonstruierte *Gilgamesch-Epos:* Gilgamesch ist der fünfte sagenhafte König von Uruk (ca. 2.800 v. Chr.), Nachfolger des Dumuzi, Sohn der Göttin Ninsun und eines Hohenpriesters der Stadt Uruk – also ein Halbgott – und beim Volk als Tyrann verhasst. Das Volk beklagt sich darüber bei den Göttern, und diese schicken ihm Enkidu, der ihm den Hochmut austreiben soll. Sie freunden sich an und bestehen gemeinsam viele Heldentaten. Als Ischtar Gilgamesch zum Gemahl haben will, lehnt er ab, und sie rächt diese Abweisung, indem sie über seinen Freund eine tödliche Krankheit schickt. Nach Enkidus Tod strebt Gilgamesch nach der Unsterblichkeit der Götter, um ihm wieder zu begegnen, und scheitert, weil er nicht sechs Tage und sieben Nächte ohne Schlaf verbringen kann. Helmut Uhlig sieht in diesem mythologischen Epos »die Geburt der Menschlichkeit ... als Loslösung von den Göttern und tragisches Scheitern«.

Die erstaunlich pessimistische Anthropologie dieses großartigen Epos ist typisch für die nihilistische Grundtendenz der babylonischen Zeit: Der Mensch muss seine Grenzen erkennen und akzeptieren – der Abstand zu den Göttern bleibt unüberwindlich. Aber er hat aus Gnade durch seinen Geist Anteil am Göttlichen und kann durch Riten und Gebete sowie durch Befolgung der heiligen Ordnung und durch Auf-sich-Nehmen gerechter Sühne bei Übertretungen hoffen, trotzdem den Segen der Götter zu erlangen, weil er in der Stadt lebt, im wohlgeordneten, sich an der kosmischen Ordnung orientierenden Staat. Damit hat er Teil an der mythisch geschehenden Verbindung von Himmel und Erde.

Der vorhin genannte Pessimismus prägt auch die Jenseitsvorstellungen, die seltsam blass und düster bleiben und die griechischen Hades-Vorstellungen noch übertreffen, wenn sie es nicht nur »Reich der Schatten«, sondern auch »Land ohne Wiederkehr« nennen. Vielleicht ist an dieser negativen Zukunftssicht auch die politische Situation beteiligt, die in der Zeit nach Hammurabi alles andere als rosig ist. Man spricht von den »finsteren Jahrhunderten«, und es verwundert, dass aus dieser Zeit die ethisch hochstehenden Ermahnungen des Utnapischtim (= sumerischer Noach) stammen: »*An deinem Widersacher handle nicht böse. Wer dir Böses tut, dem vergilt mit Gutem. Lass deinen Feinden Gerechtigkeit widerfahren ... Nicht lass dich verleiten, Böses zu tun.*«

Zeittafel der assyrisch-babylonischen Reiche

### 1. Altassyrisches Reich (1800–1375):

Etwa 700 Jahre nach ihrer Einwanderung in NO-Mesopotamien und der Gründung der Stadt Assur mit dem Heiligtum ihres gleichnamigen Hauptgottes Eroberung des nordbabylonischen Gebietes beim Untergang der III. Dynastie von Ur. Fremdherrschaft Naramsins von Eschnunna bis 1749, dann Schamschiadad I. (1749–1717), dessen Sohn Ischmegadan später ein Vasall Hammurabis wird. Die weitere Geschichte ist kaum erforscht. Ab 1450 Vasallenstaat des *Mitanni-Reichs* (1450–1350), geht im neuen *Hethiter-Reich* (1380–1200) auf.

### 2. Altbabylonisches Reich: (parallel zu 1)

**Hammurabi** (1728–1686 v. Chr.); unter seinen Nachfolgern Abfall des Südens, Kämpfe mit den iranischen *Kassiten* (ab 1539) und indoarischen *Churritern*. Plünderung Babylons durch den *Hethiter* Mursilis I. (1531).

41

**Kassitenzeit in Babylon** (1530–1160). 1160 erobern die *Elamiter* Babylon und beenden die Kassiten-Dynastie.

**Nebukadnezar I.** (1137–1113) schüttelt die elamitische Herrschaft ab und errichtet ein nationales babylonisches Königtum, das aber bald unter assyrischen Einfluss gerät; bis 729 (als der Assyrer Tiglatpileser III. unter dem Namen *Pulu* König von Babylon wird) bewahrt es eine gewisse Selbständigkeit.

**3. Mittelassyrisches Reich (1375–1047 v. Chr.):**

König **Eribaadad** (1390–1364), verbündet mit den Hethitern, schüttelt die Herrschaft Mitannis ab. Sein Sohn Assuraballit I. (1364–1328) nennt sich »Bruder des Pharao«.

Unter **Salmanasser I.** (1273–1244) und Tukultininurta I. (1243–1207) Ausbau von Assur und Ninive, brutale Eroberungspolitik mit Massendeportationen. Durch Anstürmen der Aramäer und den Niedergang des Hethiter-Reichs im 12. Jh. eine Schwächeperiode.

Unter **Tiglatpileser I.** (1112–1074) Kämpfe gegen die Nairi-Länder im Nordosten; unter seinen Nachfolgern allmähliche Schrumpfung bis auf das Kerngebiet.

**4. Neuassyrisches Reich (883–612 v. Chr.):**

König **Assurnasirpal II.**, der grausamste aller assyrischen Könige, stellt das Reich in den Grenzen Tiglatpilesers I. wieder her und erweitert und festigt die Herrschaft durch jährliche Feldzüge, die vor allem von seiner neugebildeten Reiterei durchgeführt werden. Neue Hauptstadt *Kalach,* südlich von Ninive, mit riesigem Palast.

Unter **Salmanasser III.** Kämpfe gegen die Meder im NO und Stärkung der Oberhoheit in Palästina und Syrien. Königin **Semiramis** (810–806) für ihren Sohn Adadnirari III. und die Nachfolger kämpfen gegen Babylonien, die Meder und gegen das Reich von Urartru am Urmia- und Wan-See.

**Tiglatpileser III** (745–727) begründet das Assyrische Weltreich durch den Sieg über Urartu, die Eroberung von Nordsyrien, Damaskus und Gaza (unter dem Namen Pulu), sowie die Herrschaft über Babylon.

**Sargon II.** (722–705) nennt sich *Scharrukin* (= rechter Herrscher) und setzt sich gegen die Hethiter und das Reich von Urartu, gegen die Meder und Babylonier durch und schlägt auch ein ägyptisches Heer. Neue Residenz *Dar Scharrukin* (= Sargonsburg)

**Sanherib** (704–681) unterwirft Juda, belagert Jerusalem, zerstört Babylon, baut Ninive zur Hauptstadt aus (25 m hohe Doppelmauer mit 15 Toren).

**Asarhadon** (680–669) verbündet sich mit den Skythen, drängt die Kimmerier zurück und erobert Ägypten bis Nubien. Unter ihm größte Ausdehnung des Assyrischen Reichs.

**Assurbanipal** (668–626) kann Ägypten nicht halten, da er innenpolitisch in große Probleme gerät. Schließlich endet das Reich mit der Eroberung und Zerstörung aller assyrischen Städte durch Nabopolasser (s. u.).

**5. Neubabylonisches Reich (625–539 v. Chr.):**
Die vielen Versuche der Chaldäer, sich Babylons zu bemächtigen, haben erst nach dem Tod Assurbanipals Erfolg.

**Nabopolasser** (625–605) wird König in Babylonien, Elam, Westmesopotamien, Syrien, Palästina.

**Nebukadnezar II.** (604–562) führt das Reich politisch-kulturell zur Blüte. Ausbau Babylons (Prozessionsstraße, Ischtartor, Zentralheiligtum Esangila mit Stufenturm Etemenanki (90 m). Besetzung und Zerstörung von Jerusalem (587).

**Nabonid** (555–539) wird 549 vertrieben und der Regent **Balsazer** (549–539) stirbt bei der Eroberung Babylons durch den Perserkönig **Kyros II.**, Babylonien wird persische Provinz. 331 Eroberung Babylons durch **Alexander d. Gr.**

# Der Glaube der Elamiter und Hethiter

Zwar siedelten nur die Elamiter in Mesopotamien, doch die Hethiter hatten über viele Jahrhunderte hinweg zahlreiche Kontakte dorthin, so dass man in manchem sogar von einer gewissen Wechselwirkung auch im religiösen Bereich sprechen kann. Deshalb sei die Religionsauffassung dieser beiden Völker hier kurz skizziert.

### Die verinnerlichte Religion der Elamiter

Die Elamiter haben wie die Sumerer und Akkader ihre Kultur um 3000 v. Chr. in Mesopotamien entfaltet – und zwar im äußersten Südosten um das Zentrum *Susa*. Bereits um 5000 v. Chr. ist in *Tepe Gaura* nördlich von Susa bemalte Keramik nachgewiesen, außerdem Siedlungen (aus Stampflehm gebaute Häuser), wobei die Bestattung innerhalb der Häuser unter dem Fußboden auffällig ist (die Toten sind reichlich mit Ocker bestreut, dem steinzeitlichen Hinweis auf Jenseitsglauben!). In Tepe Gaura fand man auch Spuren monumentaler Kultanlagen. Später hat das Gebiet Anteil an der *Obed-Kultur*. In dieser Zeit wird Susa gegründet; Funde zeigen starken Bezug zur mesopotamischen Kultur, aber auch deutliche Eigenständigkeit – z. B. dünnwandige, elegant geformte Schalen, Becher, Vasen und Pokale (vor 3.000 entstanden), die höchste künstlerische Vollkommenheit aufweisen und wahrscheinlich in viele Länder des Vorderen Orients exportiert worden sind.

Leider stecken die Ausgrabungen der elamitischen Kultur noch in den Anfängen, so dass wir wenige, eher zufällige Details kennen und keinen Überblick haben. So sind sowohl Herkunft wie Sprache der Elamiter noch unbekannt. Zwischen 3000 und 2300 v. Chr. entwickelten die Elamiter auch eine eigene Schrift (auf Tontäfelchen erhalten), zuerst Bilderschrift, dann Silben- oder Strichschrift, die aber dann durch die Keilschrift der Sumerer abgelöst wurde.

Durch Tontafelfunde sind wir auch einigermaßen über die elamitische Religion und über ihr Pantheon informiert. Religiös relevant sind die Grabbeigaben aus Gold, Silber und Edelsteinen, die einerseits auf den Reichtum der Menschen, andrerseits auf einen ausgeprägten, aber stark anthropomorph

*Frühelamitische Silbervase (19 cm; 3. Jt. v. Chr.) mit weiblicher Figur, in langem Schafsfell-Kleid (Priesterin?) oben elamitische Hieroglyphen.*

*Aufgang auf die vier Plattformen der ca. 60 m hohen Backstein-Zikkurat von Tschoga Zambil bei Susa (13. Jh. v. Chr.) mit ältestem iranischem Gewölbe.*

strukturierten Jenseitsglauben verweisen. Weibliche Idolfigürchen sind Zeugnisse für den in Mesopotamien überall nachweisbaren Fruchtbarkeitsglauben. An der Spitze des Götterhimmels thronte die weibliche Gottheit **Pinenkir**. Der oberste männliche Gott heißt **Humban**; sein Sohn **Hutran** bildet zusammen mit dem Totengott **Inschuschinak** und Humban eine göttliche Triade. Die Verstorbenen werden vom Götterpaar **Ischnikorat** und **Lagamel** in einem Zwischenreich in Empfang genommen und dann vor den Totengott Inschuschinak geführt, der sie richtet. Auch Astralgötter haben die Elamiter: bekannt sind der Sonnengott **Nahhunte** und der Mondgott **Napir**. Der eigentliche Nationalgott – das Gegenstück Marduks – ist aber **Schimut**.

Wie in Sumer gab es auch in Elam Ziqqurats. Sie weichen aber insofern vom sumerischen Konzept ab, als z. B. bei dem in Tschoga-Zambil ausgegrabenen die fünf quadratischen und konzentrisch immer kleiner werdenden übereinander geschichteten Terrassen untereinander nicht in Verbindung stehen, sondern jede Terrasse durch steile hohe Stufen vom Erdboden aus direkt zugänglich ist. Auf der obersten Terrasse (52 m hoch!) befindet sich ein dem Totengott Inschuschinak geweihter Tempel. Die Ecken weisen genau in die vier Himmelsrichtungen. In Bronzeguss ausgeführte Opferszenen und Gebetshaltungen zeugen von einer stark verinnerlichten Religiosität, die mit den berühmten »Zwölf Betern« vergleichbar sind, die man in den dreißiger Jahren des 20. Jh. in Tell Amar, 80 km nördlich von Bagdad im alten Abba-Tempel des Eschnunna-Reiches gefunden hat.

## Der kreative Synkretismus der Hethiter

Die Hethiter sind ein indoeuropäisches Volk, das zu Beginn des 2. vorchristlichen Jahrtausends in Anatolien einwanderte, wo vorher bereits eine sechstausendjährige neolithische Kultur bestand, in die sich die Hethiter mit einer erstaunlichen Elastizität integrierten. Da diese Kultur und Zivilisation über mehrere Jahrtausende hinweg auch mit den Kulturen und Herrschaftsgebilden der in Mesopotamien lebenden Völker Kontakt hatten, gibt es von der auf einem Stier sitzenden männlichen Gottheit bzw. der Leopardengöttin in Catal Hüyük (deren Namen wir nicht kennen) über den hethitischen Wettergott *Teschup* bzw. die Große Göttin *Hepat* bis zu den Statuen des Jupiter Dolichenus, den die römischen Soldaten verehrten, und der Göttin Kybele eine nahtlose sechstausendjährige Tradition.

Die an der Wende vom 3. zum 2. Jahrtausend gemeinsam mit den **Luwiern** in Anatolien einwandernden Hethiter stießen dort auf die **Hattier** und gingen eine kreative Symbiose mit ihnen ein. Schon bald nach ihrem Eindringen in Anatolien gerieten die Hethiter unter den Einfluss des Altassyrischen Reiches, störten dessen Handelsdominanz in Nordmesopotamien und trugen so zu seiner Schwächung bei. Nach kriegerischen Auseinandersetzungen mit der einheimischen Bevölkerung gründeten die Hethiter ein Reich mit der Hauptstadt *Kussar,* das als **Altes Reich** (1740–1460) in die Geschichte einging. Der erste mit Namen bekannte Herrscher ist *Labarna*, dessen Name zur Titelbezeichnung der hethitischen Könige wurde. Bald kristallisierte sich aber *Hattuscha* als politisches Zentrum heraus. Der riesige steinerne Tempel des Wettergottes wurde ausgegraben. Und von hier aus wurde die Herrschaft nach Syrien (bis Aleppo) und Babylonien (1531 Eroberung von Babylon durch König *Mursilis I.*). Nach inneren Wirren gelang es dann erst König *Telepinos* 1460, das Reich zu konsolidieren. Man spricht rückblickend vom **Neuen Reich** (1460–1200), dem es gelingt, große Teile Kleinasiens zu unterwerfen, das Mitanni-Reich zu zerstören, mit den Hurritern zu kooperieren und Ugarit, Aleppo und Karkemisch abhängig zu machen. König *Muwattalis* (1315–1290) siegte sogar bei Kadesch über ein ägyptisches Heer. Doch gegen Ende des 13. Jh. ging das Reich im Sturm der sogenannten **Seevölker** unter.

Religiös gesehen, erweisen sich die Hethiter als nicht sehr eigenständig-kreativ, eher als synkretistisch begabt, so dass sich im hethitischen Pantheon Gottheiten sumerisch-akkadischer Abkunft ebenso finden wie anatolische und hurritische Götter. Auch die Mythen und Rituale decken sich weitgehend mit den religiösen Traditionen ihrer Nachbarn. Wie überall im Vorderen Orient dieser Zeit wohnen die Götter in Tempeln, werden von Priestern betreut und mit Ritualen und Opfern bzw. durch Gebete kontaktiert.

Die Schutzgötter des Hethiterlandes sind der Wettergott *Teschup* und die Muttergöttin *Hepat*. Stier bzw. Panther (Löwe) sind ihnen geweiht. Hepat ist ident mit der hattischen Großen Göttin *Wurusema*. Die zahlreichen Lokalgöttinnen wurden *Ischtar* genannt, doch wurde auch die babylonische Ischtar als Göttin der Liebe und des Kriegs in Anatolien verehrt. Die spärlich aufgefundenen Quellen erzählen nichts über die Religion des Volkes, doch dürfte die führende Rolle der Fruchtbarkeitsgöttinnen und des Wettergottes unbestritten gewesen sein. Das Neujahrsfest wurde vom arisch sprechenden König zelebriert, der die Schichte der arischen Eroberer, die sich als Adel vom Volk absonderten, repräsentierte. Der Herrscher ist Stellvertreter der Götter und vertritt das Volk bei den Göttern. So war er auch der Hohepriester und wurde nach seinem Tod divinisiert und in den Staatskult integriert.

*Statue des Hethiterkönigs Idrimi (12. Jh. v. Chr.), zugleich Hoherpriester und nach seinem Tod vergöttlicht.*

*Ausschnitt vom »Löwentor« in Bogazköy (= Hattusa).*

Im Heiligtum Yazilikaya im NO von Hattuscha (türk. Bogazköy) fand man ein Götterrelief, dem zu entnehmen ist, dass neben *Teschup* und *Hepat* zahlreiche männliche und weibliche Gottheiten existiert haben müssen. Auf einer Tontafel ist von den »1000 Göttern des Reiches« die Rede. Der Wettergott wird in Hattusa durch einen Stier und das Blitzzeichen kenntlich gemacht. Seine Gemahlin *Hepat* wurde z. B. in *Arinna* als Sonnengöttin verehrt. Daneben gibt es aber einen besonderen Sonnengott (Sohn des Teschup), Totengötter, Kriegsgötter, Vegetationsgottheiten, Jagdgötter und besondere Schutzgötter, z. B. für Stadttore.

In Yazilikaya ist König *Tutchalija IV.* (1250–1220) als über die Berge schreitend dargestellt, in der linken Hand hält er den Lituus (Krummstab), in der Rechten seine Kartusche (Emblem mit seinem Namen und der Abbildung eines Berggottes). Vogelflugschau und Eingeweideschau sind zum Zwecke der Zukunftsbefragung ebenso bezeugt wie verschiedene weiß-magische Zauberriten und -kulte. Die dabei verwendeten Gebete, Hymnen und Zaubersprüche sind teilweise überliefert; in babylonischer Keilschrift ausgeführt, aber in drei indoeuropäischen Dialekten formuliert: in Nasili (= das eigentliche Hethitisch), in Luwili (Sprache der Luwier) und im Palaischen.

Die Mythen vom »Gott, der verschwindet« (die älteste Fassung erzählt vom hattischen Gott Telipinu, der immer dann, wenn er erzürnt ist, verschwindet, die Folge davon ist ein Stillstand des Lebens; nur mit Mühe und Magie kann Telipinu wiedergefunden und beruhigt werden) und vom »Sieg des Wettergottes über den Drachen« erzählt die hethitische Theogonie, ebenso von Konflikten zwischen den Göttergenerationen. Parallelen zu den Phönikern und Griechen sowie natürlich zu den Babyloniern sind unverkennbar. Es finden sich aber auch Übereinstimmungen mit hinduistischen Motiven und alte Traditionen aus der Megalithzeit (Steinmenschen, Vereinigung von Göttern mit Felsen, ein Diorit trägt z. B. als eine Art Atlas den Himmel usw.).

# DER GLAUBE DER ALTEN ÄGYPTER

Das ungefähr 1.000 km lange und 10 bis 20 km breite fruchtbare Niltal war seit dem Paläolithikum der Lebensraum halbnomadischer Jäger und Sammler. Ihre Steinwerkzeuge wurden in den Flussterrassen und angrenzenden -tälern (= Wadis) gefunden und dienen als Beleg einer sehr frühen, aber schwer datierbaren Besiedelung.

Von etwa 7.000 bis gegen Ende des 4. Jahrtausends v. Chr. wurde das Land von neolithischen Bauern kolonisiert. Die relative Abgeschlossenheit des fruchtbaren »schwarzen Landes« (von Juli bis Oktober vom Hochwasser führenden Nil mit fruchtbarem Schlamm versehen) zwischen Wüstengebieten, dem Roten Meer und dem Mittelmeer begünstigte eine frühe, einheitliche kulturelle Entwicklung des Landes.

Die Rassenherkunft der Träger der drei wichtigsten frühen Kulturen – **Badari, Merimde** und **Negade** -- ist noch nicht geklärt. Das Nebeneinander der Kulturen erklärt sich durch die spezifischen geographischen Verhältnisse. Die einzeln eingewanderten Siedlergruppen blieben unter sich. So gab es zwischen 4.500 und 4.000 v. Chr. nur lose Verbindungen zwischen den ersten Zentren der Merimde- und frühen Fayum-Kultur in Unterägypten und der Badari- und Tasa-Kultur in Oberägypten.

Jede Gemeinschaft hatte ihre eigene Lokalgottheit und widmete ihr einen Sonderkult, der nicht auf andere Gottheiten übertragbar war. Es handelte sich meist um **Tiergötter**, wobei nicht geklärt ist, ob es sich um totemistische religiöse Vorstellungen handelte (Verwandtschaft der Menschen mit einem Tiergott, mit dem sie geheimnisvoll verbunden sind und der sie schützt).

Nach Hermann Junker »verehrte man in der Gegend des ersten Katarakts den Widdergott *Chnum* und die Göttinnen *Anukis* und *Satis.* In Edfu den Falken *Horus*, eine Geiergöttin in Elkab, den menschengestaltigen Zeugungsgott *Min* in Koptos, die Kuhgöttin *Hathor* in Dendera, Schakal- und Wolfsgötter in Mittelägypten, in Fayum den Krokodilgott *Suchos*, in Memphis den menschengestaltigen *Ptah*. In Unterägypten war *Rê* (= Sonne) der Schutzgott, in Leontopolis wurde ein Löwenpaar verehrt, in Mendes ein heiliger Ziegenbock, in Buto die Uräusschlange, in Bubastis eine Katzengöttin und im Nildelta Rindergottheiten«.

Allmählich wurden die Gottheiten vermenschlicht, d. h. man stellte sie sich menschlich vor, stellte sie mit einem Menschenleib dar, beließ ihnen aber den Tierkopf und hatte auch Tiere als Gausymbole bzw. man hielt in manchen Heiligtümern Exemplare der betreffenden Tiere als lebendige Veranschaulichung der Gottheiten, die kultisch verehrt wurden.

Ob noch Tier oder schon Mensch – man baute ihnen ein Haus, in dem sie wohnen und die Verehrung der Bevölkerung entgegennehmen konnten. Diese Verehrung geschah nach einem bestimmten Zeremoniell, das man analog dem Hofzeremoniell gestaltete. Wobei man symbolisch die Götterbilder wusch, salbte, schminkte, beräucherte, bekleidete usw., in Prozessionen spazieren trug, auf Besuch zu anderen schickte usw.

Neben diesen lokalen Gottheiten gab es auch einige mit allgemeinerer Bedeutung wie *Schu* (= Luft/Trockenheit), *Tefnut* (= Wasser/Feuchtigkeit), *Nut* (= Himmel) und *Geb* (= Erde). Auch Sonne, Mond und einzelne Sternbilder verehrte man als Gottheiten der Ernte, des Nil, des Getreides usw.

Dabei gab es gewisse Unterschiede zwischen Ober- und Unterägypten – z. B. bei der Bestattung: In Unterägypten begrub man die Toten in der Nähe der Häuser, gekrümmt auf der Seite liegend, mit Blick gegen Osten, in Oberägypten dagegen außerhalb der Siedlungen in eigenen Toten-Bereichen.

Als sich einzelne Dörfer zu größeren Verbänden (»Gauen«) zusammenschlossen, änderte sich das nicht wesentlich, man »addierte« einfach die Gottheiten bzw. blieb bei den eigenen und gestand dasselbe den anderen zu. Das änderte sich auch nicht wesentlich, als sich die vielen Gaue zu den zwei Reichen

Unterägypten mit der Hauptstadt *Hieraconpolis* und Oberägypten mit der Hauptstadt *Buto* zusammen schlossen.

*Hochkultur in Ägypten*

Zeittafel (Überblick über die Dynastien)

0. Vordynastische Zeit (?–3100)
1. Frühzeit: 1.–2. Dynastie (3100–2900)
2. Altes Reich: 3.–6. Dynastie (2900–2300)
3. Erste Zwischenzeit: 7.–10. Dynastie (2300–2100)
4. Mittleres Reich: 11.–12. Dynastie (2100–1780)
5. Zweite Zwischenzeit (Hyksos): 13.–17. Dynastie (1780–1560)
6. Neues Reich: 18. Dynastie (1560–1310)
7. Neues Reich: 19.–20. Dynastie (1310–1085)
8. Dritte Zwischenzeit: 21.–24. Dynastie (1085–712)
9. Spätzeit: 25.–26. Dynastie (712–525)
10. Assyrische Zwischenzeit (670–663)
11. Persische Herrschaft (525–332)
12. Griechische Herrschaft (Ptolemäer) (332–30)
13. Römische Herrschaft (30 v. Chr. – 638 n. Chr.)
14. Eingliederung in das Islamische Weltreich

# Die Frühzeit der ägyptischen Hochreligion

Erst als **Menes (= Narmer)**, der König von Oberägypten), um 3.100 v. Chr. Unterägypten unterwarf, die beiden Reiche vereinigte und die neue Hauptstadt **Memphis** in der Provinz Fayum begründete, entwickelten sich zentrale kulturelle Elemente wie die Hieroglyphenschrift und künstlerische Trends, vor allem aber politische Strategien, die Gründung von Dynastien und die Vereinheitlichung der Religion und der Verwaltung. Menes behielt aber auch seine Hauptstadt **Thinis** in Oberägypten bei und nannte sich »Herr von Ober- und Unterägypten«; bemerkenswert ist auch, dass er sich je eine Begräbnisstätte im Norden (Sakkara) und im Süden (Abydos) errichten ließ, was die Bedeutung unterstreicht, die in der gesamten ägyptischen Religiosität dem Thema »Tod« und »Jenseits« zugemessen wurde.

Beide Grabkammern *(= Mastaba)*, in Form von Pyramidenstumpfen ausgeführt, wurden bei systematischen Ausgrabungen entdeckt. Man fand darin z. B., auf einem Elfenbeintäfelchen eingraviert, die Herrschernamen der 1. Dynastie (Menes-Narmer, Athotis, Zer, Zet, Wedimu, Anez-jab, Semerchet und Kaj-a) und auf einer Schminkpalette die Abbildung des Königs Narmer (mit der hochragenden Krone Oberägyptens), wie er einen Feind erschlägt, wobei ihm der als Falke dargestellte Schutz-Gott Horus das Zeichen des unterworfenen Unterägypten präsentiert, das er in seinen Fängen hält.

*Horus* gilt in dieser frühen Zeit als Ahnherr der ägyptischen Könige. Er ist der Gott der Erdenzeit, der Gott des Lichtes und des Himmels, der sich in den Lichtgestirnen offenbart und als Falke Tag und Nacht über den Himmel fliegt. Er sieht alles, denn Sonne und Mond sind seine Augen. Er wird aber nicht nur als Falke dargestellt, sondern auch als Mann, der die Sonnenscheibe auf dem Kopf trägt.

*Seth* ist der zweite zentrale Gott in der Frühzeit des vereinigten Ägypten. Er ist der Kriegsgott im Dienste der Sonne, der Gott der Finsternis und des Verderbens und der erklärte Gegner des Totenreichkönigs *Osiris*. Er wird als bewaffneter Krieger mit einem Tierkopf mit gebogenem Schnabel und langen Ohren dargestellt.

In der Person des **Pharao** sind diese beiden Götter und ihre Macht miteinander verbunden. Als *Horus-Seth* – also kraft seiner Göttlichkeit – leitet der Pharao das Reich und bereitet dem Volk Gnade und Strafe, Segen und Verderben. Die Gründung des Vereinigten Reiches und die Krönungszeremonie in Memphis (wo dreitausend Jahre lang alle Pharaonen gekrönt wurden, weil man darin die Erneuerung der im Urereignis der Krönung des Menes entsprungenen Quelle göttlicher Kraft des Königs sah) entsprach einer **Kosmogonie:** Der Pharao begründet in seiner Eigenschaft als inkarnierter Gott eine neue Welt, eine überlegene Kultur, die sich über die bisherige Bauernkultur erhebt und zur Hochkultur, zum Abbild des geordneten Kosmos wird. Sie wurde in kurzer Zeit ungleich vielschichtiger als die bisherigen Kulturen, weil sie nach göttlichem Vorbild und mit Hilfe göttlicher Kraft geschaffen wurde. Denn der Pharao war unsterblich, und sein Ableben bedeutete nichts anderes als seine Erhebung in den Himmel, woher er gekommen war. An seine Stelle trat – in der Krönungszeremonie inauguriert – sofort ein neuer inkarnierter Gott, der den Platz seines Vorgängers einnahm und so nahtlos die Kontinuität der kosmischen und sozialen Ordnung des Reiches sicherte.

Wenn die Historiker über die rasante Entstehung und Entwicklung der ägyptischen Hochkultur (und auch der damit verbundenen Hochreligion) nach jahrtausendelang eher auf der Stelle tretender Vorlaufzeit immer noch staunen und meinen, dass der Kontakt mit der sumerischen Kultur gegen Ende des 4. Jahrtausends diese Mutation bewirkt habe, so stimmt das wohl in einigen konkreten, vordergründigen Punkten. Das Geheimnis liegt aber wohl im **Glauben an die Göttlichkeit des Pharao.** Die Übernahme der sumerischen Rollsiegel, der Ziegelsteinbauweise, der Schiffsbautechnik, der Schrift und vieler künstlerischer Motive, deren Ursprung in Sumer deutlich erkennbar sind, trug natürlich wesentlich dazu bei, erklärt aber nicht die enorme Dynamik und das Ausmaß der kreativen Innovationen bei der Entfaltung der faszinierenden Hochkultur in einer Zeit von knapp fünfhundert Jahren.

Europäische Wissenschaftler nannten dieses Phänomen, das die ägyptische Kultur kennzeichnet, aber auch in den Mythen und Sehnsüchten der Sumerer und anderer Kulturen in Erscheinung tritt, *Immobilismus*. Es handelt sich dabei nicht um

Unbeweglichkeit, sondern um eine erstaunliche Beständigkeit der hieratischen Formen: »Die Wiederholung von Gesten und Taten der Urzeit sind die logische Folge einer Theologie, die in der kosmischen Ordnung ein göttliches Werk schlechthin und in jeder Veränderung das Risiko eines Rückfalls ins Chaos und damit den Sieg dämonischer Kräfte erblickte.« (Mircea Eliade) Es ging darum, die »erste Schöpfung« möglichst unversehrt zu erhalten, denn diese war kosmologisch, sozial, ethisch und religiös vollkommen.

Die **ägyptischen Mythen** beziehen sich alle auf den als *Tep zepi* (= das erste Mal) bezeichneten legendären Anfang – vom Erscheinen des Schöpfergottes über den Urwassern bis zur Inthronisation des Horus als altägyptischer Hochgott und Königsgott zugleich. Alle Naturerscheinungen und religiös-kulturellen Realitäten (Schrift, Kalender, Tempelpläne, Rituale, Königsinsignien usw.) gewinnen ihre Gültigkeit und Rechtfertigung daraus, dass sie in der goldenen Zeit der Anfänge geschaffen worden sind.

Zu einem bestimmten Zeitpunkt gab es dann freilich auch »eine Intervention des Bösen«, und »als deren Folge trat Unordnung auf und beendete das goldene Zeitalter«. (M. Eliade) Man resignierte aber nicht, sondern ritualisierte das »erste Mal«, deckte damit das dämonische Wirken auf, wollte es auf diese Weise kontinuierlich überwinden und so die ursprüngliche Vollkommenheit wiederherstellen.

Diese Mythen existieren aber nicht in einer kanonisierten Form wie in anderen Hochreligionen (Bibel, Koran, Veden, Tripitaka, Avesta, Âdi-Granth usw.), sondern sind in den verschiedensten Texten enthalten, oft nur in Anspielungen, kleinen Episoden und noch dazu teilweise nur bruchstückhaft überliefert, so dass sie erst von den Ägyptologen rekonstruiert worden sind. Man fand sie in den **Pyramidentexten** (2.500–2.300 v. Chr.), in den **Sargtexten** (2.300–2.000) und im sogenannten **Totenbuch** (nach 1.500).

Die folgenden Proben lassen die Bandbreite, die Entwicklung, aber auch die Tiefe dieser altägyptischen Kosmogonien und Theogonien erkennen, die einen zugrunde liegenden Hochgottglauben erkennen lassen und sich auch über die Jahrtausende hinweg gehalten haben, weil sie den unsichtbaren, ungreifbaren Gott, der vielfältigen Göttergestalten, aber auch das Werden der menschlichen Lebenswelt verdeutlichen und vorstellbar machen konnten.

Die **Kosmogonie** beginnt mit dem »Auftauchen eines Erdhügels aus den Urwassern«. In *Heliopolis* gehörte ein Sandhügel als »der Urhügel« zur dortigen Konzeption des Sonnentempels, während in *Hermopolis* die kosmogonische Lotosblüte als Symbol der Erde aus dem heiligen Teich auftauchte. Eine andere Version (aus einem Sargtext) spricht vom Ur-Ei, das den »Vogel des Lichts« enthielt.

In Heliopolis (im Nildelta gelegen) erschuf der Sonnengott **Re / Atum / Chepri** (diese drei Erscheinungsweisen der Sonne werden verschieden benannt: die im Zenit stehende Re, die untergehende Atum und die aufgehende Chepri) aus seiner eigenen Substanz (also durch »Zeugung«) als das erste Götterpaar »Luft und Feuchtigkeit« *(Schu/Tefnut)*, das seinerseits »Erde und Himmel« *(Geb/Nut)* hervorbrachte. Im mittelägyptischen Hermopolis fügten die Theologen diesen vier Urelementen der Welt noch vier Kinder von Nut und Geb hinzu: die beiden Heroen der Vorzeit *Osiris* und *Seth* und deren Schwestern und Gemahlinnen *Isis* und *Nephthys*. Diese vier Paare bilden mit *Atum* z. B. die im Schabaka-Text (s. u.) genannte *Götterneunheit*, in der im Grunde alle Gottheiten zusammengefasst sind. Im Schabaka-Text ist allerdings »Ptah der Uralte« jener Eine, Geistige, der über allen – auch über dem großen Atum von Heliopolis – steht!

In der langen Lebenszeit der alten ägyptischen Religion kam es zu vielen Veränderungen, Kombinationen und Entwicklungsschüben, denen in unserem Zusammenhang nicht im Detail nachgegangen werden kann. »Im Vergleich zur Theogonie und Kosmogonie sind die Ursprungsmythen des Menschen eher farblos« (M. Eliade). In der **Lehre für König Merikarê** (ca. 2000 v. Chr.) ist zu lesen:

*Die Menschen, das Kleinvieh Gottes, sind mit allem wohlversorgt. Er hat Himmel und Erde für sie erschaffen … Er schuf die Luft, um ihre Nasenlöcher zu beleben, denn sie sind seine Abbilder, die aus seinem Fleisch hervorgingen: Er erstrahlt am Himmel, er hat Futterpflanzen für sie geschaffen, Tiere, Vögel und Fische, um sie zu ernähren.*

Nach einer alten Überlieferung sind die Menschen aus den Tränen des Sonnengottes Rê geboren worden. Als dieser aber

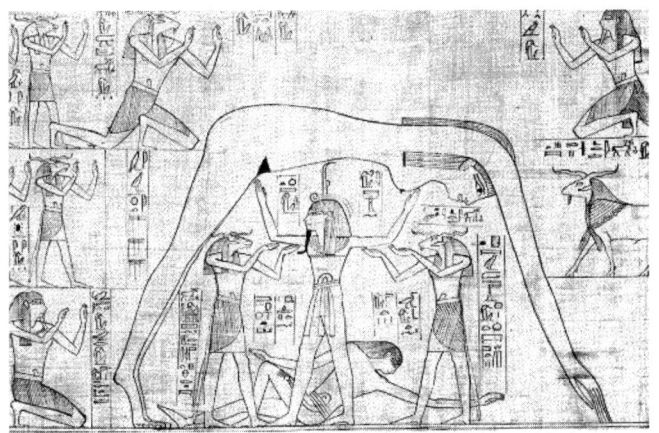

*Der Luftgott Schu hält den Körper der Himmelsgöttin Nut über dem am Boden liegenden Erdgott Geb und ermöglicht damit den Lebensraum der Menschen. Papyrus-Malerei 21. Dynastie.*

entdeckt, dass sich die Menschen gegen ihn verschworen haben, beschließt er, sie zu vernichten. Die Göttin Hathor übernimmt die Durchführung. Da Rê aber nicht alle Menschen vernichtet haben will, greift er zu einer List und macht Hathor betrunken, so dass es nicht zur Ausführung des Vorhabens kommt.

Wenn es um »die« Menschen geht, sahen die Ägypter darin nur sich selbst, als die einzigen wahren Erdenbewohner; daraus erklärt sich das Verbot für Fremde, die Heiligtümer Ägyptens zu betreten, da dadurch die göttliche Ordnung (wie im Mikrokosmos des Tempels so im Makrokosmos des Kosmos) gestört würde. In der Spätzeit dagegen sieht man – wohl bedingt durch die geschichtlichen Erfahrungen sowohl des Großreichs wie der Fremdherrschaft (z. B. Hyksos oder Nubier) einen deutlichen Wandel zu einem universalistischen Verständnis.

# Die Entwicklung des Gottesglaubens

Aus der vordynastischen Zeit Ägyptens existieren relativ wenige Fundstücke und vor allem kein schriftliches Zeugnis, um wirklich zu wissen, auf welche Weise die Tiergötter und anderen Lokalgottheiten verstanden und verehrt wurden. Sie biete eigentlich keine Ansätze dafür, die Entwicklung des Gottesglaubens, wie er sich den reichen schriftlichen Zeugnissen und den vielen Funden aus der Zeit zwischen 3.000 und 332 v. Chr. darstellt, auch nur zu vermuten.

Hermann Junker geht in seiner Darstellung von der Blütezeit des **Amon**-Glaubens in Theben aus und fragt zurück zur **Aton**-Revolution des Echnaton in Amarna, zur Vorstellung des einen **Himmelsgottes** in der Lehre für Merikarê und zum **Schöpfergott** des Schabaka-Textes in der dynastischen Frühzeit und stellt fest: »Alles, was wir unterwegs an großen Gedanken über Gott angetroffen haben, war nicht jeweils neu erdacht, sondern schon in *altererbtem Gut* beschlossen. So wie bereits in der Frühzeit die längst anerkannte Einzigkeit und geistige Allmacht Gottes für Ptah von Memphis beansprucht wurde, als seine Stadt zum Mittelpunkt des Reiches erwuchs, so übertrug man diese höchste Würde auch auf Horus, als unter seinem Schutz das Land für immer vereint worden war, auf den Sonnengott Rê und zuletzt auf Amon. Die Gestalten wechseln, aber die Idee von der Größe des höchsten Himmelsherrn blieb die gleiche.«

Junker fragt natürlich nach dem Woher dieses frühen, unvermuteten Hochgottglaubens und stellte fest, dass es sich nicht um bloße Theologie der herrschenden Schichte handelte, sondern um Allgemeingut in allen Zeiten und Bereichen der Gesellschaft, was z. B. durch die Funde der sogenannten **Weisheitstexte** (= Spruchsammlungen) zugänglich wurde:

*Man isst das Brot nach dem Ratschluss Gottes.*
*Wen Gott liebt, der hört, nicht aber hört, den Gott hasst.*
*Siehe, das ist ein guter Sohn, wie ihn Gott gibt.*
*Gott kennt die Frevler, Gott schlägt die Sünde.*
*Ein Geschlecht geht zum anderen unter den Menschen, und Gott hält sich verborgen.*

»Die Götter spielen tief unter dem einzigen Gott die Rolle von mächtigen, aber geschaffenen himmlischen Wesen und sind Erscheinungsformen des Einen.« (Junker) Wir wollen nun Auszüge aus den genannten Stationen der Entwicklung des ägyptischen Gottesglaubens vorlegen, damit der Leser sich selbst ein Bild machen kann:

### Alles entstand aus Herz und Mund des Ptah

*Man nennt Ptah »der alles erschaffen und die Götter hervorgebracht hat«. Er ist ja Tatenen (= der lokale Erdgott), der die Götter schuf, aus dem alle Dinge hervorgegangen sind, an Speise und Nahrung und allen guten Dingen. Er schuf die Götter, er machte die Städte und gründete die Gaue.*

*Er setzte die Götter an ihre Kultstätten, er legte ihre Einkünfte fest, er stattete ihre Kapellen aus, er machte ihre Leiber (= die Götterbilder) zu ihrer Zufriedenheit. So traten die Götter ein in ihre Leiber aus allerlei Holz, allerlei Mineral, allerlei Ton und allerlei anderen Dingen, die auf der Oberfläche der Erde wachsen und in denen sie Gestalt annahmen.*

*Es ist so, dass Herz und Zunge über alle Glieder Macht haben, auf Grund der Erwägung, dass das Herz in jedem Leibe und die Zunge in jedem Munde ist, bei allen Göttern, allen Menschen, allen Tieren und allem Gewürm, überhaupt bei allem, was lebt – indem das Herz denkt, was es will, und die Zunge alles befiehlt, was sie will.*

*Das Sehen der Augen, das Hören der Ohren, das Luftatmen der Nase, sie bringen dem Herrn Meldung. Das Herz ist es, das dann jede Erkenntnis hervorkommen lässt, und die Zunge wiederholt, was vom Herzen gedacht wird.*

*Und so werden alle Arbeiten verrichtet und alle Handwerke. Das Schaffen der Hände, das Gehen der Füße, die Bewegungen aller anderen Glieder geschehen nach diesem Befehl, der vom Herzen erdacht wurde und aus der Zunge hervorkam, der das Wesen von allem ausmacht.*

*Seine (= des Ptah)* **Götterneunheit** *ist vor ihm als Zähne und Lippen, die dem Samen und den Händen des Atum entsprechen. Die Götterneunheit des Atum soll ja entstanden sein durch seinen Samen und seine Finger.*

*Die Götterneunheit entstand aber in Wirklichkeit durch die Zähne und Lippen im Mund des Gottes Ptah, der den Na-*

*men aller Dinge nannte, aus dem Schu (= die Luft) und Tefnut (= die Feuchtigkeit) hervorgegangen sind und der die Götterneunheit geschaffen hat.*

*Auf diese Weise wurden alle Götter geschaffen und gingen ein in ihren sichtbaren Leib Und so wurde seine Götterneunheit vollständig gemacht. Es entstand ja jedes Gotteswort aus dem, was das Herz (= der Geist) erdachte und die Zunge (= das Wort) befahl.*

*So wurden auch die Ka (= Schutzgottheiten) geschaffen und die Hemuset (= Genien), die alle Nahrung und alle Speisen hervorbringen durch dieses Wort, das das Herz erdachte und die Zunge befahl.*

*Und so wurde festgestellt, dass des Ptah Macht größer ist als die der anderen Götter. Und so war Ptah zufrieden, nachdem er alle Dinge und Gottesworte geschaffen hatte.*

Dieser sogenannte **Schabaka-Text** vermittelt die Theologie aus Memphis, der Hauptstadt der Pharaonen der ersten Dynastie, in deren Mittelpunkt **Ptah** steht. Es handelt sich dabei um die älteste bekannt gewordene kosmogonische Aussage, und sie ist auch die tiefste, umfassendste und am stärksten philosophische von allen.

Der vorher eher unbedeutende Lokalgott Ptah wird hier als der höchste Gott verkündet, während Atum (= Der Große) hier nur als Urheber des ersten Götterpaares gilt. Eliade sieht in dieser Aussage »zweifellos den erhabensten Ausdruck der ägyptischen metaphysischen Spekulation«. Hermann Junker sagt dazu: »Wir stehen hier vor einer *geistigen Gottesvorstellung,* die hoch über dem Streit zwischen Memphis und Heliopolis schwebt ... bei den Ägyptern war von Anfang an die Vorstellung von einem einzigen großen Gott vorhanden«.

Das bedeutet aber noch nicht, dass die alten Ägypter reine Monotheisten gewesen seien oder nur einen Gott verehrt haben. Man wird – Junker zufolge – wohl besser von *Henotheismus* (= einer ist der Hauptgott) oder *Monolatrie* (= einer wird vor allen und alle in dem einen verehrt) sprechen.

Im Jahre 1914 fand Alan Gardiner das **Vermächtnis des Königs** *Achtoës II.* (10. Dynastie um 2150 v. Chr.) **an seinen Sohn Merikarē** und sah darin »die erste monotheistische Stelle«, weil nirgends im ganzen Text von den Göttern die Rede ist, sondern immer von »Gott«. Der folgende Hymnus am Ende dieses bemerkenswerten Dokumentes soll das belegen:

*Wie wohlbehütet sind die Menschen, die Herde Gottes! – Er hat Himmel und Erde zu ihrem Gefallen geschaffen – Er hat des Urwassers Kraft gebändigt, er hat Lebensodem für ihre Nase gemacht. Sie sind seine eigenen Ebenbilder, aus seinem Fleische hervorgegangen. Er geht am Himmel auf zu ihrem Gefallen und fährt einher, sie zu schauen. Er hat für sie die Tiere und Pflanzen geschaffen, die Vögel und Fische, um sie zu ernähren.*

*Er schlug seine Feinde nieder und vernichtete seine eigenen Kinder, da sie Auflehnung gegen ihn sannen. Er hat einen Schrein zum Schutz um sie errichtet, und wenn sie weinen, hört er es. Er hat ihnen Herrscher im Mutterleib erschaffen als Gebieter, den Rücken der Schwachen zu stützen.*

*Er hat ihnen den Zauber gegeben als Waffe, dem Unglück zu wehren, und Träume bei Tag und bei Nacht. Wie hat er den Frevler unter ihnen geschlagen, der trotzigen Herzens war! Wie ein Mann seinen Sohn züchtigt um dessen Bruders willen. – Siehe, Gott kennt jeden Namen.*

Die liebevolle Fürsorge, die aus diesen Worten spricht, verweist auf eine Innerlichkeit, die man sonst in der ägyptischen Religiosität eher vergeblich sucht. Freilich, es ist nicht der biblische Gott, denn die Menschen sind »aus seinem Fleisch hervorgegangen« und er »fährt am Himmel dahin, sie zu schauen«. Das lässt auf den Himmelsgott Rê schließen. In dieser Zeit der 10. Dynastie ist die furchtbare Revolution, der Zusammenbruch des Alten Reiches schon Vergangenheit. (s. o. die Zeittafel). Das hat den Gottesbegriff geläutert und die Veräußerlichungen der kultischen Verehrung der Gottheiten verinnerlicht. Man darf nur nicht übersehen, dass der vorhin zitierte Schabaka-Text beinahe 1000 Jahre älter ist! Es ist also nicht ein Fortschritt, sondern ein Wiederfinden der alten Höhe der Gottesvorstellung – vielleicht um die persönliche Verinnerlichung und Glaubenserfahrung der Geborgenheit und des Vertrauens bereichert.

Weitere siebenhundert Jahre jünger ist der folgende **Amon-Hymnus** (um 1450 v. Chr., 18. Dynastie):

*O Rê, zu Karnak (= Theben) angebetet, groß an Erscheinungen im Obeliskenhaus, du von Heliopolis, König und*

*Herr aller Götter! Falke, der im Lichtland wohnt, Oberhaupt der Menschen, der seinen Namen vor seinen Kindern verbirgt, wie sein Name Amon besagt.*

*Die Liebe zu dir ist über die beiden Länder verbreitet, deine Strahlen scheinen aus deinen beiden Augen, Wohltat für die Menschen, wenn du aufgehst, Abspannung der Tiere, wenn du erstrahlst. Deine Güte gewinnt die Herzen, und die Liebe zu dir entwaffnet die Arme ...*

*Du bist der Einzige, der alles schuf, der Einzig-Eine, der werden ließ, was da ist. Aus dessen Augen die Menschen hervorkamen* (= aus seinen Tränen), *aus dessen Mund die Götter entstammen. Der das Futter zur Nahrung der Herden schuf und die Fruchtbäume für die Menschen. Der schuf, wovon die Fische im Fluss und die Vögel unter dem Himmel leben. Der dem Ei Luft gibt und den kleinen Wurm ernährt. Der schuf, wovon Mücken, Würmer und Flöhe leben, was die Mäuse in ihren Löchern brauchen und die Vögel auf ihren Bäumen.*

*Preis dir, der dies alles geschaffen hat, du Allereinzigster mit vielen Händen. Der die Nacht durchwacht, wenn alle schlafen ... Amon, der in allen Dingen bleibt, Atum, Horus vom Lichtberg! Preis dir! sprechen alle, Verehrung dir, da du dich um uns mühst. Dank dir, dass du uns geschaffen hast. Gruß dir! sagt jedes Wild. Anbetung dir! ruft jedes Land, so hoch der Himmel, so weit die Erde, so tief das Meer ist.*

*Geneigt vor dir stehen die Götter und verherrlichen die Macht ihres Schöpfers. Sie jauchzen beim Nahen ihres Erzeugers und sprechen zu dir: Willkommen in Frieden, du Vater der Väter aller Götter! Der den Himmel hochhob und die Erde ausbreitete, der machte, was da ist, und schuf, was besteht. Du König und Haupt der Götter, wir preisen deine Macht, da du uns geschaffen, verehren dich, da du uns gebildet hast, wir lobsingen dir, weil du dich um uns bemühst.*

Dieser Text ist immerhin zweieinhalb Generationen älter als die Verehrung **Atons,** des alleinigen Gottes des großen **Echnaton** (1377–1358 v. Chr.) in der Gestalt der Sonnenscheibe in der neuen Hauptstadt El Amarna, der alle Überlagerungen der verschiedenen Sonnengötter und Hauptgottheiten und damit die politische Macht der Priester, die diesen konkurrierenden

Gottheiten dienten und mit ihrem Dienst das Volk beherrschen wollten, beiseite schob und die kosmogonischen und theogonischen Mythen entmythologisierte, indem er die Sonnenscheibe Aton – als Symbol des einen Gottes – verehrte. Er hatte aber nicht den Sonnenkult »erfunden«. Auch die Sonnenscheibe zierte schon seit der 12. Dynastie den Kopf des Amon-Rê, meist in einem Menschenkörper mit Falkenkopf, auf dessen Scheitel die Sonnenscheibe ruht, dargestellt, in dem die verschiedenen Gottheiten henotheistisch vereinigt worden waren.

Zum Vergleich ein Auszug aus dem berühmten **Sonnenlied des Echnaton:**

*So schön erstrahlst du am Lichtberg des Himmels, du lebendige Sonne, die zuerst zu leben begann! Du leuchtest auf am östlichen Himmel und erfüllst alle Lande mit deiner Schönheit. Schön und gewaltig bist du, glänzend und hoch über allen Landen. Deine Strahlen umfangen die Länder bis zum letzten Ende deiner Schöpfung. Fern bist du, und doch sind deine Strahlen auf der Erde. Du bist im Angesicht der Menschen, und doch vermag man deinen Weg nicht zu erkennen ...*

*Wie zahlreich sind doch deine Werke! Sie sind verborgen vor dem Angesicht der Menschen, du einziger Gott, neben dem es keinen anderen gibt! Du hast die Erde erschaffen nach deinem Sinn, du einzig und allein, mit Menschen, Herden und allem Getier. Die Fremdvölker, Syrien und Äthiopien und das Land Ägypten, jedem gabst du seinen Platz und schaffst seinen Bedarf.*

*Du machtest Millionen von Gestalten aus dir, dem Einen. Städte, Dörfer, Äcker, Wege und Strom. Bist du dahingegangen und schlummern alle Augen, so weilst du doch in meinem Herzen. Es gibt keinen anderen, der dich kennt, außer deinem Sohne Wa-en-Rê, ihn ließest du deine Pläne und deine Macht wissen.*

Die Sonnenscheibe war für *Amenophis IV.* (= Echnaton) und seine Gemahlin *Nofretete* »nicht das Medium, durch das der selbst unsichtbare Gott sich den Menschen erkennbar macht, sondern der Gott selbst in seiner leibhaftigen, hüllenlosen Gestalt. Diese ganz realistische Religion richtete sich gegen den thebanischen Kult des geheimen, unsichtbaren Amon.« (Kurt Sethe)

*Echnaton (Amenophis IV.) und Nofretete bringen mit ihren Kindern der »lebendigen Sonne« ein »geistiges« Opfer dar.*

Die **Revolution von Amarna,** die schon von Amenophis III. (1413–1377) eingeleitet wurde, als er seine Residenz deutlich vom Amon-Heiligtum in Theben entfernt errichten ließ und die Sonnenscheibe mit den vielen Strahlen, die in lebensspendenden Händen enden, als neues Symbol verwendete, konnte sich nicht halten. Schon sein Schwiegersohn **Tutanchamun,** dessen reich ausgestattetes Grab 1922 gefunden und im Wiener Völkerkundemuseum rekonstruiert wurde, kehrte nach Theben zurück und schloss sich der Restauration an.

Der folgende Amon-Hymnus aus der 19. Dynastie **Ramses II.** (um 1275 v. Chr.) zeigt die Weiterentwicklung in Richtung eines »solaren Monotheismus« (E. Meyer), der den Weg der Integration, nicht der Ablösung der bisherigen Vorstellungen (wie bei Echnaton) erkennen lässt:

*Der zu Anfang entstand, Amon der Erstentstandene, dessen Wesen man nicht kennt. Kein Gott ist vor ihm entstanden, kein anderer Gott war bei ihm, dass er ihm seine Gestalt gesagt hätte. Er hatte keine Mutter, die ihm seinen Namen gegeben, keinen Vater, der ihn erzeugt und gesagt hätte:*

*»Das bin ich«. – Der sei Ei selbst bildete, ein Mächtiger von geheimer Geburt, der seine Schönheit selber schuf, der göttliche Gott, der von selbst entstand, und alle anderen Götter entstanden erst, nachdem er selbst den Anfang gemacht.*

*Der mit geheimem Wesen und leuchtender Gestalt, der wunderbare Gott mit den vielen Erscheinungsformen. Alle Götter rühmen sich seiner, um sich mit seiner Schönheit zu brüsten, da er so göttlich ist. – Rê (der Sonnengott) ist mit ihm leiblich vereint, er ist der »Große«, der in Heliopolis wohnt. Tenen (= Ptah) nennt man ihn, den Amon, der aus dem Urozean kam, dass er die Menschen leite. Die acht Urgötter sind eine andere Gestalt von ihm, dem Erzeuger der Urzeitlichen, der den Sonnengott Rê bildete, der sich als Atum vollendete, eines Körpers mit ihm.*

*Er ist das Herz des Alls. Seine Seele, sagt man, ist der am Himmel, er ist auch in der Unterwelt und der an der Spitze des Ostens ...*

*Keiner der Götter kennt seine wahre Gestalt, sein Bild wird nicht in den Büchern dargelegt, und kein Zeugnis wird darüber gegeben. Denn er ist zu geheimnisvoll, als dass man sein Wesen zu enthüllen vermöchte, er ist zu groß, als dass er sich erforschen ließe, zu mächtig, als dass man ihn erkennen könnte.*

Dieser Gott war der Hochgott des Neuen Reiches, das in der 18. Dynastie unter **Thutmosis III.** (1480–1447) die größte Ausdehnung Ägyptens vom oberen Euphrat bis zum IV. Nil-Katarakt (Sudan) erreichte. Er konnte als »Herrscher der ganzen Welt« gelten.

Wie wir gesehen haben, lag dieses Gottesbild aber bereits in der Zeit des Menes-Narmer, des Begründers der I. Dynastie – mehr als eineinhalb Jahrtausende vor Thutmosis – im Schöpfergott Ptah des Schabaka-Textes fertig vor.

# Der Jenseitsglaube der Ägypter

»Kein anderes Volk hat so überwältigende Zeugnisse seines Glaubens an ein jenseitiges Leben hinterlassen wie die Ägypter« (H. Junker) – und tatsächlich sind die Pyramiden des Alten Reichs und die Königsgräber des Neuen Reichs im Tal der Könige am Westufer des Nil, gegenüber von Karnak und Luxor, wo sich früher auch schon die Nekropole des alten Theben befand, ein herausragendes Zeugnis für die intensive Beschäftigung der Pharaonen mit ihrem Fortleben im Jenseits – allerdings auch ihres Scheiterns beim Versuch, sich auf Erden ewiges Leben zu sichern. Dies strahlte aber auch auf das Volk aus, wie wir aus vielen schriftlich überlieferten Zeugnissen erkennen können.

*Cheopspyramide mit der großen Sphinx (20 m) am Westufer des Nil in Gizeh; sie trägt das Abbild des Herrschers.*

»Tod und Jenseits haben die Ägypter mehr beschäftigt als die anderen Völker des Vorderen Orient. Für den Pharao war der Tod Ausgangspunkt für seine Himmelsreise und seine ›Immortalisation‹. Deshalb sind wir über den Todeskult wesentlich besser informiert als über andere Kulte« (M. Eliade)

Der Aufenthaltsort der Toten lag unter der Erde oder im Himmel, und zwar im Bereich der Sterne. Die Seele des Pharao gelangt nach dem Tod zu den Sternen und erhält Anteil an deren Ewigkeit. Die sehr alten **Pyramidentexte** (2.500–2.300) sind dafür die wichtigste Quelle, doch fehlt auch bei ihnen – wie wir es bei der ägyptischen Gottesvorstellung gesehen haben – die Systematisierung, d. h. es laufen verschiedene Überlieferungen durcheinander.

Die meisten Formulierungen sprechen vom Pharao als dem Sohn Atums (des Großen Gottes) und identifizieren ihn mit dem Sonnengott Rê. Atum hat ihn noch vor der Erschaffung der Welt gezeugt und er ist deshalb unsterblich. Andere Texte versichern dem Pharao, dass sein Leib nicht verwesen kann; wieder andere fordern auf, die Glieder des verstorbenen und mumifizierten Pharao von den Binden zu befreien, damit er auferstehen kann. Die Mumifizierung (vor allem im Neuen Reich bis zur Perfektion entwickelt) ist jedenfalls ein Hinweis darauf, dass man den toten Pharao den Lebenden ähnlich halten wollte, ja halten musste, damit seine »Seele« *(Ba)* und seine sonnenhafte Geistgestalt *(Ka)* jederzeit zueinander und wieder zu seinem (konservierten) Körper finden und ihn (im Jenseits) beseelen können. Deshalb auch die reichen Grabbeigaben und die Bitten an den Totengott Osiris – in Totengebeten wie dem folgenden formuliert, die in den **Sargtexten** erhalten sind –, reichlich Nahrung für den Verstorbenen bereit zu halten:

> Osiris, der Herr von Busiris, der Erste der Westlichen, Herr von Abydos, gebe, dass ihm ein Totenopfer gereicht werde von Tausend an Rindern und Geflügel, an Gewändern und Weihrauch, an Salbe und allen guten Dingen, von denen ein Gott lebt, von dem, was der Himmel schenkt und die Erde hervorbringt und der Nil herbeiführt.

Wahrscheinlich dienten auch die Pyramiden nicht zuletzt dazu, den für die Ewigkeit vorbereiteten abgelegten Leib des Herrschers für alle Zeiten zu sichern – mit Millionen und Abermillionen Tonnen Gestein und mit vielfältigen Sicherungen des Zugangs (gegen Grabräuber). »Was hatte den Cheops veranlasst, einen Berg über seinen Sarkophag zu türmen? Zweieinhalb Millionen Kubikmeter Kalkstein? 2,3 Millionen Steinblöcke wurden herangeschafft und aufeinander getürmt. Mehr als 230 m lang waren die vier Seiten und höher als 146 m ragte schließlich die Spitze empor ... Jede Pyramide war eine Festung zum Schutz der innen verborgenen Mumie, doppelt, fünffach, zehnfach gesichert gegen jeden Feind, gegen Frevel und Ruhestörung.« (C. W. Ceram).

Wir sprechen immer nur von ein paar Pyramiden, aber es waren mehrere Dutzend. Und jeder Pharao, der fünfzehn oder zwanzig Jahre an seinem Grabe bauen ließ, musste Hunderttausende Sklaven verpflegen; und nachher musste der Totenkult, die »Versorgung« mit allem Nötigen (s. oben), ständig reichlich fließen, wofür die Priesterschaft zu sorgen hatte. Damit verschuldete sich nicht nur der Pharao selbst, sondern er belastete auch seine Nachfolger und die Finanzen des Reiches. Doch man musste es tun, weil sonst der Bestand des Reiches gefährdet war! Das war Ideologie in Reinkultur. Da übertönte die Wirkmacht eines irregeleiteten Glaubens die Stimme der politischen und ethischen Vernunft. Dies tritt immer wieder in den »Hochzeiten« der Religionen in Erscheinung: in den Ziqqurats Mesopotamiens, in den Tempelbergen des Hinduismus in Indien oder des Buddhismus in Hinterindien und auf Java; aber auch in den Riesenbauten romanischgotischer und barocker Kathedralen im christlichen Abendland.

Die Riesenbauwerke der 4. Dynastie (von Cheops, Chephren und Mykerinos sind sie nachgewiesen) wurden nie mehr erreicht. Ja, Thutmosis I. (1545–1515) fasste als erster Pharao nach 1.500 Jahren den Entschluss, sein Grab von seinem Totentempel zu trennen und den Leichnam nicht mehr im prunkvollen Grabmal beisetzen zu lassen, sondern in einer verborgenen Felsenkammer. Warum dieser Bruch mit der Tradition? Weil die Gefahr der Grabräuberei offensichtlich zu groß geworden war – seine Mumie war ihres »Lebens« nicht mehr sicher! »Bei Beginn der 18. Dynastie in Theben gab es in ganz Ägypten kaum noch ein Königsgrab, das nicht beraubt worden war« (Ceram) und dessen mumifizierten »Bewohner« man nicht geschändet oder mehrfach »umgebettet« hatte.

Ceram erzählt, wie am 5. Juli 1881 der Beauftragte des Museums von Kairo, geführt von Abd-el-Rasul, dem Anführer einer Großfamilie, die seit Generationen vom Grabraub im Tal der Könige lebte, nicht weniger als 40 Mumien in einem Schachtgrab registrierte, das im Felsmassiv über dem Tal der Könige völlig versteckt angelegt worden war: »Die Särge lagen regellos durcheinander, teils geöffnet, teils noch geschlossen. Einzelne Mumien lagen zwischen unzähligen Geräten und Schmuckstücken. Er stand vor den leibhaftigen Körpern der mächtigsten Herrscher der Alten Welt ... Er stellte fest, dass hier Amosis I. lag (1580–1555), der die barbarischen ›Hirtenkönige‹, die Hyksos, endgültig vertrieben hatte, dass dort die Mumie des ersten Amenophis zu finden war (1555–1545), ... und dann nach zahllosen Särgen weniger bekannter Herrscher die Mumien der beiden großen Herrschergestalten Thutmosis

III. (1501–1447) und Ramses II. (1298–1232) … Auf den Sarkophagen las er später in Kairo, was die Priester, die offensichtlich in Nacht und Nebel die Mumien der Herrscher vor den frechen Räubern in Sicherheit gebracht hatten, den Wänden der Särge anvertrauten: die Odysseen der toten Könige.«

Das war die irdisch-politische Realität – die Glaubenshoffnung ging in eine ganz andere, in die richtige Richtung, wie der folgende Pyramidentext (aus Inschriften, die **König Unas**, der letzte König der 5. Dynastie († 2263 v. Chr.), und die Könige der 6. Dynastie in ihren Sargkammern eingravieren ließen), zum Ausdruck bringt:

*König Unas ist auf dem Weg zum Himmel, mit dem Winde, mit dem Winde! Wie eine Wolke, wie ein Falke mit starkem Gefieder fliegt er zum Himmel. Er gehört nicht zur Erde, er gehört zum Himmel … Nicht wird er am Zutritt gehindert, nicht gibt es jemand, durch den er am Zutritt gehindert werden könnte. Eine Treppe zum Himmel ist ihm gerichtet, damit er aufsteige zum Himmel. König Unas steigt hinauf auf der Leiter, die sein Vater Rê für ihn gemacht hat.*

*Wie schön ist es zu sehen, wie erfreulich zu schauen, sagen die Götter, wenn dieser Gott zum Himmel aufsteigt. Das Grauen ist an seinem Haupt, sein Schrecken zu seiner Seite, seine Zauberkräfte sind vor ihm … Es kommen zu ihm die Götter und Seelen von Buto* (= ehemalige Hauptstadt von Unterägypten im Nildelta), *die Götter und Seelen von Hierakonpolis* (= ehemalige Hauptstadt von Oberägypten nördlich von Assuan), *die Götter des Himmels und die Götter, die auf Erden wohnen. Sie heben König Unas empor auf ihren Armen. Du steigst empor zum Himmel, o König Unas …*

*Deine Boten gehen, deine schnellen Boten eilen, deine Herolde hasten. Sie verkünden Rê, dass du angekommen bist.*

*O Re-Atum, dieser König Unas kommt zu dir, unvergänglich und ruhmreich, ein Herr am Ort der vier Pfeiler* (= am Himmel). *Dein Sohn kommt zu dir. Dieser König Unas kommt zu dir. Wie Osiris lebt* (obwohl er gestorben war), *so lebt dieser König Unas; wie er nicht stirbt, so stirbt dieser König Unas nicht; wie er nicht zugrunde geht, so geht dieser König nicht zugrunde. O König Phiops! Wie schön ist dies! Wie schön ist, was dein Vater Osiris für dich getan*

*hat! Er hat dir deinen Thron gegeben, du herrschest über*
*die mit verborgenen Sitzen (= die Verstorbenen), du führst*
*ihre Ehrwürdigen, alle Verklärten folgen dir.*

*Osiris als Totenrichter mit allen*
*Insignien des Pharao (Bündel-*
*krone,      Halskette,      Kragen,*
*Krummstab und Wedel).*

Der König setzt also im Himmel sein irdisches Leben fort:
Er sitzt auf dem Thron, nimmt die Huldigungen der Untertanen entgegen, fährt fort, Gericht zu halten und Befehle zu
erteilen. Obwohl die Theologen sagen, dass nur er die Unsterblichkeit besitzt, ist er doch von Mitgliedern seiner Familie
und von hohen Beamten umgeben (die in der Nähe seines
Grabes bestattet wurden). Der auferstandene Pharao unter-
steht nicht der Gerichtsbarkeit des Totenrichters Osiris. In
den Pyramidentexten 251 u. 145 heißt es: »*Du öffnest deinen*
*Platz am Himmel unter den Sternen des Himmels, du bist ja*
*ein Stern ... du schaust hernieder auf Osiris, du befiehlst den*
*Geistern, du stehst entfernt von ihnen, denn du gehörst nicht*
*zu ihnen ... Re-Atum übergibt dich nicht dem Osiris, der*
*keine Gewalt hat über dein Herz.*«
**Osiris** war nach allen mythologischen Traditionen ein legen-
därer König, berühmt wegen seiner Strenge und Gerechtigkeit. Sein Bruder **Seth** aber stellte ihm eine Falle und tötete
ihn. **Isis**, der Gattin des Osiris, die eine große Zauberin war,
gelang es, sich vom toten Osiris befruchten zu lassen. Dann
bestattete sie ihren toten Gemahl, floh ins Nildelta und
brachte im Papyrusdickicht den **Horus** zur Welt. Als dieser
ein Mann geworden war, forderte er von der »Neunheit der
Götter« sein Recht. Er wandte sich gegen seinen Onkel Seth,
und der riss ihm ein Auge aus, doch Horus überwältigte ihn,
nahm sein Auge wieder an sich und erweckte damit später

Osiris zum Leben, nachdem er zum König gekrönt worden war. Osiris wurde als »Geistperson« (Ba) und Lebenskraft (Ka) auferweckt, und damit wurde der alte Pharao Osiris zum Inbegriff von Fruchtbarkeit und Wachstum im Land, das sein Sohn Horus als neuer Pharao regierte.

Diese mythologischen Zusammenhänge sind wichtig, weil sie die Beziehungen zwischen Rê, dem Pharao und dem Götterpaar Osiris-Horus erklären. Auch hier fehlt freilich die Systematisierung, weil die »Sonnentheologie« (der Pharao ist ein Sohn des Sonnengottes) sich mit der »Todestheologie« mischte. Aber die Sonne »stirbt« ja schließlich jeden Tag und wird am nächsten Morgen wiedererweckt, so stirbt auch jeder Pharao, wird aber wiedererweckt und in seinem Nachfolger inkarniert sich die Sonne (Rê und Osiris) von neuem. Diese Synthese geschieht im Mittleren Reich, wie der folgende Sargtext Nr. 330 erkennen lässt:

*Ob ich lebe oder sterbe, ich bin Osiris. Ich durchdringe dich, und durch dich erscheine ich wieder; ich vergehe in dir, und ich wachse in dir ... Die Götter leben in mir, weil ich in dem Getreide, das sie ernährt, lebe und wachse. Ich bedecke die Erde; ob ich lebe oder sterbe, ich bin die Gerste, mich zerstört man nicht. Ich habe die Ordnung durchdrungen. Ich bin zum Herrn der Ordnung geworden, ich tauche aus der Ordnung auf.*

Hier äußert sich die Erkenntnis, dass der Tod das irdische Leben überhöht und verwandelt. Das Grab ist der Ort, wo die Transfiguration *(sakh)* geschieht, wo aus einem Toten ein »verwandelter Geist« *(akh)* wird. Man stellte die Beziehung der sechs Sargbretter, die den toten Pharao umschließen, mit sechs Personifikationen des gesamten Kosmos her, indem man das Bodenbrett mit Geb, den Deckel mit Nut und die Seitenbretter mit Isis, Nephtys, Horus und Toth identifizierte. Hier setzen übrigens später auch die hellenistischen Isis-Osiris-Mysterien an.

Dedefhôr, der Sohn des Cheops – des Erbauers der größten Pyramide –, mahnt seine Untertanen, sich sein Haus auf dem Friedhof herrichten und beizeiten ausstatten zu lassen, *»denn das Haus des Todes ist für das Leben bestimmt.«* Und der weise **Anii** mahnt: »*Mach dir eine schöne Stätte im Wüstental, die Tiefe, die deinen Leib bergen wird. Stelle sie dir* *vor Augen bei deinen Geschäften ... Sage nicht: Ich bin noch jung, denn der Tod kommt und leitet das Kind, das auf dem Schoß der Mutter sitzt, ebenso wie den Mann, wenn er ein Greis geworden.«*

So hatten die alten Ägypter seit eh und je eine starke Familienbeziehung zu ihren Toten. Sie bestatteten in der vordynastischen Zeit im Nildelta die Leichen zwischen den Wohnungen – die Verstorbenen sollten an den Mahlzeiten teilnehmen und gehörten dazu; daher gab man ihnen auch nur symbolisch ein paar Körner in das Grab mit. Und im Neuen Reich rechnete man damit, dass die Verstorbenen über kurz oder lang zum Gefolge des Totengottes Rê-Osiris gehören werden:

*Du gehst ein und aus, frohen Herzens, mit den Belohnungen des Herrn der Götter. Du wirst zu einer lebenden Seele. Du verfügst über Brot, Wasser und Luft. Du verwandelst dich nach deinem Wunsch in einen Phönix oder in eine Schwalbe, in einen Falken oder in einen Reiher. Du setzt in einer Fähre über und wirst nicht gehindert ... Du lebst von neuem und deine Seele trennt sich nicht von deinem Körper. Deine Seele ist ein Gott in Gesellschaft der Verklärten, und die trefflichen Seelen sprechen mit dir. Du weilst unter ihnen und erhältst, was auf Erden gegeben wird.*

Nach den Vorstellungen der damaligen Zeit fährt der Sonnengott tagsüber mit seiner Barke über den Sonnenhimmel, und in der Nacht fährt er am umgekehrten Himmel durch das Reich der Toten und spendet seinen Bewohnern Licht und Freude. Wenn der Sonnengott in die Unterwelt eintaucht, liegt es nahe, dass der Unterweltgott Osiris mit dem Sonnengott als eine Einheit gesehen wird. Und das geschieht auch tatsächlich in Texten aus dem Neuen Reich. Da ist die Rede von »Rê, der in Osiris ruht, und Osiris, der in Rê ruht«.

Im Mittleren Reich und vor allem in der ramessidischen Zeit machte sich aber auch Skepsis gegenüber dem Jenseits breit und offener Unglaube gegenüber den angebotenen Lösungen und Resignation:

*Wie traurig ist das Hinabsteigen in das Land der Stille. Der Wachsame schläft, und der des Nachts nicht schlummerte, liegt still für immer. Die Spötter sagen: Das Haus der Bewohner des Westens (= Totenreich) ist tief und dunkel. Es* hat keine Tür, kein Fenster, kein Licht, um es zu erleuchten, keinen Nordwind, um das Herz zu erquicken. Die Sonne geht dort nicht auf, sondern sie liegen jeden Tag in Dunkelheit ... Abgeschieden sind die im Westen, und ihr Dasein ist Elend. Man verabscheut es, zu ihnen zu gehen. Keiner kann von seinem Ergehen erzählen, sondern er ruht an einem Platz ewiglich in Finsternis.

Im 175. Kapitel des Totenbuches werden solche Probleme in einem Dialog zwischen Atum und Osiris ausgefochten; letzterer argumentiert in Vertretung des sterblichen und angesichts des Todes skeptischen und ängstlichen Menschen:

Osiris: *O Atum, was soll es, dass ich in das Wüstengebirge ziehen muss? Es hat ja kein Wasser und keine Luft, es ist so tief und dunkel und endlos.*

Atum: *Du wirst dort in Sorglosigkeit und Frieden leben.*

Osiris: *Aber in ihr kann man keine Liebesfreuden finden.*

Atum: *Ich habe Verklärtheit gegeben anstelle des Wassers, der Luft und der Lust – und Seligkeit an Stelle von Brot und Bier.*

Osiris: *O wie schlecht geht es mir, wenn ich ein Angesicht nicht schaue.*

Atum: *Ich dulde nicht, dass du Mangel leidest. Jedem Gott ist sein Sitz in der Barke der Millionen* (= das göttlicher Sonnenschiff, das über den Himmel fährt) *zugewiesen. Dein Platz aber gehört deinem Sohn Horus* (der ihn gegenüber Seth gerächt hat).

Osiris: *Wird er auch deinen Thron beherrschen?*

Atum: *Er wird den Thron in der Feuerinsel* (= Ursprung jeder Herrschaft) *erben.*

Osiris: *Wie steht es nun mit der Lebenszeit?*

Atum: *Du wirst länger als Millionen von Millionen Jahren sein. Denn die Zeit hier dauert Millionen. Ich aber werde alles, was ich schuf, zerstören. Die Erde wird wieder als Urozean erscheinen, als Wasserflut in ihrem Anfangszustand. Ich bin das, was übrig bleibt, zusammen mit Osiris, nachdem ich mich wieder in eine Schlange verwandelt habe, die kein Mensch kennt und kein Gott sieht.*

Die Ägypter haben sich viel mit Sterben und Tod beschäftigt, haben selbst in ihrer Skepsis an das Überleben des Todes geglaubt, haben mit ungeheurem Aufwand das »Weiterleben«

ihrer Herrscher zu sichern versucht, aber sie fanden wohl ähnlich selten wie Menschen in anderen Religionen und zu anderen Zeiten jene Ruhe und Gelassenheit und jenes vertrauensvolle Wissen, das z. B. im folgenden Ausspruch aus dem »Weisheitsbuch des Amenemope« erhalten blieb: *»Wie sehr freut sich der, der den Westen erreicht und heil ist in der Hand Gottes.«*

Stark ausgeprägt sind auch die Vorstellungen von einem **Gericht** -- sie sind auf mehreren eindrucksvollen Reliefs der Nachwelt überliefert: Der Verstorbene in weißem Gewand (das die Leiblosigkeit symbolisiert) wird an der Schwelle zur Unterwelt von *Amenti* empfangen. *Anubis* (mit dem typischen Schakalkopf) gesellt sich dazu und führt den Verstorbenen in den Gerichtssaal, wo *Osiris* im Kreis von 42 Totenrichtern unter einem königlichen Baldachin thront, flankiert von *Isis* und *Nephthis*. In der Mitte des Saales steht die **Herz-Waage**. *Anubis* prüft sein Gewicht. In der einen Schale liegt das Herz des Verstorbenen (das als dritter Teil der menschlichen Person vorgestellt wird: Sitz des Gewissens, der Empfindungen und der Individualität) – auf der anderen das Symbol der *Maet* (= Göttin der Wahrheit). *Thot* (mit dem typischen Ibiskopf) zeigt das Ergebnis des Herzwägens auf einer Tafel an. Ein Ungeheuer (= Dämon) lauert auf ein negatives Ergebnis, das ihm Macht über den Verstorbenen geben würde. Wenn es positiv ist, wird der Verstorbene freigesprochen und von *Rê* zu *Osiris* geleitet.

*Szene der »Wägung des Herzens« vor Osiris; aus einem ägyptischen Totenbuch.*

Wieder sind es die »Ratschläge an Mericarê«, welche die Konsequenzen ziehen:

*Du weißt, der Gerichtshof in der anderen Welt, der die Schuldigen richtet, kennt keine Nachsicht. Baue nicht auf die lange Dauer deiner Jahre; vor den Göttern ist das Menschenleben wie eine einzige Stunde – Richten sie es nach dem Tode, so liegt jede deiner Handlungen vor ihren Augen ausgebreitet. Wahrlich, dort wohnt die Ewigkeit, und ein Tor ist, wer ihrer nicht eingedenk ist. Aber wer dort frei von Sünde erscheint, wird sein wie ein Gott, der sich in Freiheit bewegt wie der Herrscher der Ewigkeit.*

Im 64. Kapitel des **Totenbuchs** spricht die Seele nach bestandenem Gericht:

*Ich bin das Heute. Ich bin das Gestern. Ich bin das Morgen. Meine wiederholten Geburten durchschreitend, bleibe ich kraftvoll und jung … Nun öffne ich die Pforten des Himmels und sende Geburten zur Erde. Und das künftige Kind, noch nicht geboren, auf seinem Pfade zur Erde ist vor Angriff geschützt.*

Das in 191 Kapitel gegliederte **Ägyptische Totenbuch** gibt minutiösen Aufschluss, was nach dem Sterben geschieht und was zu beachten ist. 1–16: Prozession des Trauerzugs zum Grab; 17–63: Wiedergeburt des Toten; 64–129: Verklärung des Toten, Verwandlung in seine himmlische Existenzweise; 130–162: Reise zur Unterwelt in der Barke des Sonnengottes, Erlebnisse in der Unterwelt, Anleitungen für den Totenkult; 163–191: Verehrung des Osiris, Schutz vor zweitem Tod, Formel für den Zugang zur Götterversammlung. Die Priesterschaft hütete diesen Weisheitsschatz und gab sie in dosierten **Einweihungen** weiter – zugleich erziehend und Macht ausübend.

So sehr in der altägyptischen Religion der Glaube von der Priesterschaft manipuliert wurde, so fand er doch in seiner edelsten Form Niederschlag in den Herzen der Menschen. Im Sarg Echnatons wurde das folgende Gebet gefunden:

*Ich werde atmen den sanften Hauch deines Mundes.*
*Tag für Tag werde ich deine Schönheit betrachten.*
*Reich mir deine Hände, in denen dein Geist liegt,*
*damit ich dich empfange und durch dich lebe.*
*Rufe meinen Namen die ganze Ewigkeit hindurch:*
*Nie wird dein Anruf ungehört verhallen!*

## Blüte und Verfall

Die bewegte Geschichte Ägyptens spiegelte sich deutlich in den Glaubenszeugnissen, die auf uns gekommen sind. Wobei das nicht heißt, dass eine politische Blütezeit auch eine Hochzeit des Glaubens gewesen ist – eher umgekehrt. Denn nach dem letzten Pharao der 6. Dynastie wurde Ägypten von einem argen Bürgerkrieg erschüttert, das Staatsgefüge brach zusammen und das auf die Unsterblichkeit und Unverletzlichkeit des Pharao aufgebaute Vertrauen in die Sicherheit des Staates wurde einer argen Belastungsprobe unterzogen.

Die Pyramidentexte und das **Totenbuch** oder die **Lehre für König Merikarê** und die **Ermahnungen des Propheten Ipuwer** sind deutliche Zeugnisse dafür, dass man die Lektion aus der Geschichte gelernt hat und die vordergründigen Belohnungen Gottes für die treue Beobachtung der rituellen Ordnung zu vergeistigen verstand. Eine weitere Lehre war eine gewisse Demokratisierung der Jenseitserwartungen: Nicht nur der Pharao kann mit Auferstehung und ewigem Leben rechnen, sondern alle, die sich in die Wohlordnung einfügen, die sich bewusst auf ein Überleben des eigenen Todes einstellen und im Gericht bestehen können. Die maßlosen Übertreibungen mancher Pharaonen, was ihren Totenkult und ihre materiellen Absicherungen für das Jenseits anlangt (die Riesen-Pyramiden, die Ausbeutung des Volkes oder die rücksichtslosen Machterhaltungs- oder -gewinnungs-Intrigen am Pharaonenhof), wurden in Schriften gegeißelt, und es entwickelt sich eine ausgewogene, durch Erfahrung reif gewordene Ethik:

*Errichte kein Denkmal aus Stein, sondern handle so, dass dein Denkmal in der Liebe besteht, die man dir bewahrt – Liebe jeden! – Tue nichts Schlechtes! – Tröste den Weinenden, quäle keine Witwe, Verdränge keinen Mann von der Habe seines Vaters! – Strafe nicht ungerecht! – Töte nicht! Das sind ethische Maximen, die einer Hochreligion würdig sind und aus der Erfahrung gegenteiligen Verhaltens gewachsen sind.*

Ab dem Ende der 11. Dynastie (Pharao *Mentuhotpe,* der Ägypten wieder vereinigte) bzw. mit Amenemhet I., dem Begründer der 12. Dynastie, war das Interregnum, die Zeit der Anarchie und des politischen Chaos, vorbei, und es kam zu einer Renaissance, in der materielle und geistige Aufbauarbeit geleistet wurde.

Im Zentrum der religiösen Verehrung stand damals **Amon-Re,** der manifeste Gott, der durch seinen Sohn, den Pharao – als dem geheimen Gott – die Zügel in der Hand hielt. Der Name des Dynastiebegründers Amenemhet bedeutet »Amon ist an der Spitze«! Es war die große Zeit des Mittleren Reiches in Theben. – Doch ihr war keine lange Dauer beschieden. Diesmal jedoch kam die tödliche Gefahr weniger von innen (obwohl nach dem Erlöschen der 12. Dynastie wieder Ober- und Unterägypten teilweise getrennt regiert wurden), sondern von außen: durch die Invasion der **Hyksos** im Jahre 1674 v. Chr. Es waren militärisch überlegene Bergstämme wahrscheinlich aus Nordsyrien (vielleicht die in der mesopotamischen Geschichte bedeutsamen Hurriter oder Churriter), die mit ihren von Pferden gezogenen Streitwagen und ihrer leichten, aber wirkungsvollen Bewaffnung die ägyptische Streitmacht vor unlösbare Probleme stellten.

Sie setzten sich im Nildelta *(Avaris)* fest und regierten durch ägyptische Vasallenfürsten Unter- und Oberägypten (15. und 16. Dynastie). Sie brachten die Verehrung des phönikisch-kanaanäischen Hochgottes **Baal** und des hethitischen **Teschup** nach Ägypten. Letzteren setzten sie mit *Seth,* dem Mörder des Osiris, gleich, was wahrscheinlich eine schwere Kränkung der religiösen Gefühle vieler Ägypter bedeutete. Sie machten noch einen zweiten Fehler, indem sie sich mit Tributzahlungen des oberägyptischen Pharaos begnügten, vielen asiatischen Siedlern in Nordägypten Land zuwiesen und im übrigen ihr eigenes Leben in befestigten Wohnsitzen lebten, ohne sich viel um die wesentlich höhere Kultur des eroberten Landes zu kümmern. Ihre Vorgeschichte ist kaum bekannt. Sie dürften im Zuge der in dieser Zeit im gesamten Vorderen Orient einsetzenden Völkerwanderung den Weg nach Süden, in den westlichsten Teil des »Fruchtbaren Halbmondes« gefunden haben.

Die Ägypter aber lernten von ihren Besetzern – vor allem militärisch. Es dauerte jedoch mehr als hundert Jahre, ehe von Theben aus die Befreiung Ägyptens von den Fremden gelang. Erst *Amosis,* der Begründer der 18. Dynastie, war wieder Herr über ganz Ägypten – und es entstand das Neue Reich.

Nach einer Zeit des Nationalismus und Fremdenhasses entwickelten Hatschepsut und Thutmosis III. gegen Ende des 16. Jh. eine gegenteilige Strategie: Er überfiel alte Hyksos-Festungen in Palästina und drang weit nach Syrien vor, um mit diesen Eroberungszügen die einzig empfindliche Nordostgrenze des Reiches zu schützen. Seine Schwiegermutter und Tante dagegen sorgte für eine starke wirtschaftliche und kulturelle Entwicklung. Die Zeit der Isolation war vorbei, Ägypten war auf dem Weg zur Weltmacht.

Für die Religion bedeutete dies ebenfalls eine Öffnung: Viele asiatische Gottheiten kamen mit den Siedlern ins Land und wurden neben den Lokalgottheiten verehrt. Der ägyptische Nationalgott Amon-Re aber wurde zu einem Weltgott, die vorher schon statthabende Solarisation des Stadtgottes von Theben bot die Voraussetzung dazu. So wurde unter dem Namen Amon-Re von Oberägypten bis Anatolien eine universalistische Sonnentheologie verbreitet und damit der Reichs-Gedanke ideologisch untermauert. Den größten Gewinn dabei erzielten aber die Amons-Priester. Der Hohepriester in Theben war nach dem Pharao der Erste Mann im Staat, und Ägypten war auf dem besten Weg, eine Theokratie zu werden und die Vergeistigung des Glaubens durch Verpolitisierung und Ritualisierung zu verspielen.

Auf diesem Hintergrund muss die **Revolution von El-Amarna** als radikale religiöse und politische Reform gesehen werden: Konkret als der Versuch des Pharao *Amenophis IV.* (1375–1357) und seiner Gemahlin *Nofretete*, durch Verlegung der Residenz von Theben 450 km weiter nördlich nach Amarna und den Ersatz des Amon-Rê-Glaubens durch die Verehrung des Einzigen Sonnengottes *Aton* in der Gestalt der Sonnenscheibe radikal einen neue Anfang zu setzen.

Amenophis (= Amon ist zufrieden) änderte seinen Namen in *Echnaton* (= Diener des Aton). Die Tempel der neuen Hauptstadt *Akhetaton* (heute: Tell-el-Amarna) waren nicht überdacht, da ja die Sonne in ihrem vollen Glanz angebetet wurde, und man versuchte gegenüber dem pompösen Stil Thebens in allem einen einfachen, spontanen, wahrhaftigen Stil durchzusetzen (»Naturalismus von Amarna«). In den beiden erhaltenen Hymnen an Aton und im Gebet, das in seinem Sarg gefunden wurde, hat der persönliche (mystische) Glaube

*Totenmaske des Tut-ench-Amun (Ende 18. Dynastie).*

der alten Ägypter wahrscheinlich seinen höchsten Ausdruck gefunden.

1363 v. Chr. verstieß Echnaton seine Frau und ernannte seinen Liebhaber (?) *Semenchkare* zum Mitregenten. Innenpolitisch stand ihm ein Minister zur Seite, außenpolitisch ließ er die Zügel völlig schleifen, so dass der ägyptische Einfluss in Asien schnell verloren ging. Echnaton starb relativ früh, und sein religiöser wie politischer Reformversuch waren definitiv gescheitert, als sein Mitregent Semenchkare bzw. sein jugendlicher Nachfolger **Tutanchamun** (1357–1349) die Residenz reumütig nach Theben zurück verlegten und die theokratische Herrschaft des Amon-Rê wiederherstellten.

Bald nach Tutanchamon, der nur 20 Jahre alt wurde, erlosch die 18. Dynastie, und der ehemalige General Echnatons *Haremheb* hatte freie Bahn, die über 200 Jahre dauernde **Periode der Ramessiden** zu begründen. Er kämpfte erfolgreich gegen die Hethiter und schuf durch härtere Gesetze Ordnung im Inneren des Reiches.

Religiös gesehen, gab es keine neuen Impulse mehr. Es dominiert der offizielle Amon-Rê-Kult. Durch die schon erwähnte Synthese mit dem Totengott Osiris verlagerte sich aber der Akzent immer mehr auf die Vorbereitung für den Weg in das Jenseits. Das Volk verehrte stärker denn je seine alten Gaugötter wie den Apis-Stier in Memphis oder den Horus-Falken und all die anderen Gottheiten, die schon in vorgeschichtlicher Zeit von den Menschen als heilig angesehen wurden.

Hohes Ansehen genossen das Totenbuch als Jenseitsführer und magische Formeln, mit deren Hilfe man hoffte, eine gnädige Beurteilung durch Osiris und die 42 Totenrichter zu finden. »Die Abenddämmerung der ägyptischen Kultur ist beherrscht von magischen Glaubensvorstellungen und Praktiken« (M. Eliade), und eine neue Blüte erlebte der Glaube der alten Ägypter erst, als er mit der persischen und griechisch-hellenistischen Tradition in Berührung kam – als die politische Selbstständigkeit Ägyptens längst verloren war.

# DER GLAUBE DER INDOEUROPÄER

Um die Mitte des 3. vorchristlichen Jahrtausends spalteten sich die in loser Verbindung untereinander stehenden Indoarier, Indoiraner und Indoeuropäer, die zwischen dem Schwarzen Meer, dem Kaspischen Meer und dem Aralsee – und nördlich davon – lebten, in einzelne Völker. Sie hatten auf diesem Territorium seit etwa 2.000 Jahren die sogenannte **Tumuli *(Kurgan)*-Kultur** entwickelt – der Namen stammt von den typischen Hügel-Grabmälern ihrer Herrscher –, ihre Anfänge reichen aber weit in das Neolithikum, ja bis ins Mesolithikum zurück.

Sie betrieben Ackerbau in der Weidewirtschaftsform, Viehzucht (Rinder, Schweine, Schafe) und zähmten und nutzten auch bereits das Pferd – waren aber teilweise noch Nomaden und lebten in stark patriarchalischen Strukturen.

Unsere Kenntnisse der Vorgeschichte dieser vielen Stämme und Völker mit gemeinsamem Ursprung und deutlicher Verwandtschaft sind eher dürftig, da es nur wenige Funde und keine schriftlichen Zeugnisse gibt. Die Hauptquelle unseres Wissens bezieht sich hauptsächlich auf die diesen Völkern gemeinsame Sprache (Indogermanisch oder Indoeuropäisch), aus der durch Rückschlüsse auf eine indoeuropäische, ja sogar proto-indoeuropäische Gemeinsamkeit der germanischen, italischen, keltischen, illyrischen, thrakischen, armenischen, griechischen, slawischen, iranischen und indoarischen Völker geschlossen werden kann.

Das Vorhandensein sumerischer Lehnwörter (z. B. für Kupfer, Wagen, Rad usw.) in den gemeinsamen Sprachwurzeln zeigt, dass sie bereits vor ihrer Trennung und eigenständigen Entwicklung Kontakt mit der ältesten Hochkultur in Mesopotamien hatten und dass sie offen für Begegnungen, dass sie lernfähig und lernwillig und durchaus auch zu Symbiosen und Synthesen bereit waren.

Das Auftauchen der Indoeuropäer in der Geschichte ist von schrecklichen Verwüstungen begleitet. Die *Hethiter, Luwier* und *Mitanni* spielen in der Geschichte Mesopotamiens und Anatoliens bereits früh eine deutliche Rolle; gezählte 300 Siedlungen in Anatolien wurden von ihnen überrannt, und die Hethiter brachten das Altassyrische Reich in arge Existenznöte. Die *Dorer, Ionier* und andere indoeuropäischer Völker sind wahrscheinlich mit verantwortlich für die Zerstörung Trojas um 2.300 v. Chr., wie der archäologische Außenseiter Heinrich Schliemann durch seine spektakulären Grabungen herausgefunden hat. *Indoarier* vernichteten wahrscheinlich die Indus-Kultur von Harappa und Mohenjo Dajo und »arisierten« den indischen Subkontinent (siehe dazu im Band DER GLAUBE DER HINDUS). Diese Liste könnte aus den Details der Frühgeschichte der einzelnen europäischen Länder noch beliebig fortgesetzt werden. Wir konzentrieren uns in der Folge auf einen bestimmten Teil Asiens, wo sich die *persische Hochkoltur* entwickelt hat.

*Bronzestatue eines Buckelochsen auf vier Rädern, Grabbeigabe aus Marlik aus dem 1. Jh. v. Chr.*

# Der Glaube der Indoiraner (Perser)

Zwischen 3.500 und 3.000 v. Chr. erreichten einzelne Gruppen im Zuge der frühen indoeuropäischen Wanderung bereits den **Nordiran** westlich und östlich des Kaspischen Meeres und trugen dort vielleicht schon zur Entwicklung der durch interessante Funde nachgewiesenen Bronzezeitkultur bei.

Das iranische Hochland zählte zwar nicht zu den Wiegen der (städtischen) Hochkulturen der Menschheit, wohl aber zu den aktiven Randzonen, da die Bewohner dieser Gegenden mit den Stadtkulturen in Ägypten, Mesopotamien, Indien und China in Handelsbeziehungen eintraten und so an deren überlegener Kultur partizipierten, sie teilweise gefährdeten oder sogar okkupierten beziehungsweise Synthesen oder Symbiosen mit ihnen eingingen (wie die Indoarier mit der bereits hoch entwickelten Induskultur).

Die vorgeschichtliche Töpferkultur von **Susa** (Elamiter) oder **Tepe Sialk** erreichte jedenfalls schon sehr früh eine Perfektion, die mit der in Sumer vergleichbar ist. Einige wenige archäologische Funde aus dem 3. vorchristlichen Jahrtausend sind aber einfach zu wenig, um daraus Rückschlüsse auf die iranische Frühkultur abzuleiten.

Eine wunderschön ziselierte frühelamitische Silbervase, gefunden in der »Ebene der Wildenten« in der Nähe von Persepolis, wird in das 25. Jh. v. Chr. datiert und zeigt eine aufrecht stehende weibliche Figur (Priesterin?), in kunstreich drapierte Schafsfelle gekleidet, mit kastagnettenartigen Gegenständen in den Händen; in Kopfhöhe der Figur läuft am Rand der Vase ein Schriftband in der frühelamitischen Hieroglyphenschrift.

Dieser kostbare Fund ist aber ein Unikat. Weitere Gegenstände und Figuren, die durch eher zufällige Funde zu Tage traten, sind zumindest tausend Jahre jünger. In **Marlik,** im Südwesten das Kaspischen Meeres, haben persische Archäologen im Jahr 1961 eines der kulturellen Zentren des Nordiran aus dem 12. bis 10. vorchristlichen Jahrhundert ausgegraben.

In einem etwa 150 m langen Hügel *(Tepe)* fand man goldene Vasen und Becher, Silbergefäße und Bronzegegenstände sowie Keramiken und Waffen als Beigaben in etwa 50 unverletzt gebliebenen, allerdings zum Teil eingestürzten Gräbern. Durch die Einstürze sind Tierhörner abgebrochen oder Goldgefäße gequetscht worden. Die zahlreichen Tiermotive (neben Widder, Buckelrindern und Adlern auch geflügelte Stiere und Greife) verweisen auf sesshafte Hirten und nicht auf Nomaden und zeigen, dass es Verbindungen nach Luristan, Aserbeidschan und Assyrien gegeben haben muss.

Ein Buckelochse aus Bronze auf vier Rädern verweist vielleicht auf einen Prozessionswagen, der im Rahmen eines Fruchtbarkeitskultes Verwendung fand und als Votivgabe diente und deshalb erhalten blieb.

In **Hasanlu** und **Ziwiye** in der Nähe des Urmia-Salzsees in Aserbeidschan gruben amerikanische Archäologen 1958 die Überreste von zwei Zitadellen aus, in die sich wohl iranische Kämpfer zurückzogen, nachdem sie Überfälle auf assyrische Siedlungen oder Soldaten verübt hatten. Vielleicht waren es Festungen der *Mannäer,* die sich gegen Ende des 2. Jahrtausends v. Chr. in Armenien und Aserbeidschan festgesetzt hatten. In Hasanlu fanden die Amerikaner den frühesten Säulensaal des Mittleren Ostens. In Ziwiye entdeckte man auch einige Gegenstände, die eindeutig assyrischen, griechischen oder urartäischen Ursprungs sind und als Kostbarkeiten bei einem Überfall der Skythen, die im 7. Jh. v. Chr. das Reich von Man zerstörten, vergraben worden sein dürften.

Die Waffenfunde zeigen, dass die Metallbearbeitung damals bereits auf einem sehr hohen Stand war, so dass die erstaunliche militärische Überlegenheit des Mederkönigs *Kyaxares* (625 – 585 v. Chr.) im Krieg gegen die aus Südrussland einwandernden (indoeuropäischen) Skythen und die aus dem Kaukasus eindringenden (indoeuropäischen) Kimmerier erklärbar wird.

In dieser Zeit war die volle Differenzierung der einzelnen indoiranischen Völker aus der eher undifferenzierten indoeuropäischen Gemeinsamkeit im Ursprungsgebiet offensichtlich abgeschlossen, und die Baktrer, Iraner, Meder, Mitanni, Perser und Sogder fanden in der Begegnung und im Kampf mit den im selben Großraum lebenden Gutäern, Hurritern, Kassiten, Mannäern, Urartäern und Zannäern – sowie in Kleinasien und Mesopotamien mit den Phrygiern, Lydiern und den Neubabyloniern zu ihrer unverwechselbaren Individualität.

Ausgeprägte kulturelle oder religiöse Details oder gar eine Einheitlichkeit der Kultur und Religion im iranischen Hochland in dieser frühiranischen Zeit lassen sich aus den wenigen Funden, die in den vergangenen fünf Jahrzehnten systematischer Grabung gemacht wurden, kaum ableiten. Das wurde anders, als es zur Vereinigung der Perser mit den Medern unter **Kyros II.** im **Achämenidenreich** kam. Die Dynastie der Achämeniden hatte in Persien bereits seit 700 v. Chr. die Macht übernommen, musste allerdings zunächst noch die medische Oberhoheit anerkennen.

Unter Kyros II. wurde das Achämenidenreich mit der Verlegung der Hauptstadt von Ekbatana nach Pasargadai zur ersten indoeuropäischen Großmacht – und hatte bis 330 v. Chr. Bestand. Während der Achämenidenzeit war der Glaube an **Ahura Mazda** (= Weiser Herr) weit verbreitet. Wie weit der in dieser Zeit als religiöser Reformer auftretende **Zarathustra** (Zoroaster) dabei mitwirkte, ist nicht bekannt. Er ging jedenfalls von der vorhandenen Hochgottvorstellung aus und entwickelte sie zu einer dem Monotheismus nahe stehenden Offenbarungsreligion weiter.

Unter den **Arsakiden** (ab 247 v. Chr.) wurde der Mazdaismus – verbunden mit der eigenständigen religiösen Tradition der Parther – in die synkretistische Bewegung des Hellenismus hineingezogen und wies folgende vier Schwerpunkte auf:

1. Vorrangige Verehrung **Mithras**, der in besonderer Beziehung zu den Königen steht.

2. Die **Magoi** bilden eine eigene Kaste von Opferpriestern.

3. Der **Feuerkult** wird sehr populär.

4. Die apokalyptische Schrift **Orakel des Hystaspes** (= iran. Vishtāspa) machte Stimmung gegen die Römerherrschaft.

Unter den **Sassaniden** (227–637 n. Chr.) wurde der Mazdaismus dann zur persischen Staatsreligion. Die Basis dafür war der indoarische Hochgott *Varuna* bzw. der proto-indische *Asura*, der sich in der Achämenidenzeit zum »Höchsten Gott« Ahura Mazda entwickelt hatte.

Unter der Schirmherrschaft **Ahura Mazdas** hatte König **Dareios I.** (521–486 v. Chr.) schon ab 518 **Persepolis** als heilige Hauptstadt des persischen Großreichs erbauen lassen, um dort den *Nawróz*, das Neujahrsfest zu feiern:

*Die Ziegel wurden geformt und in der Sonne getrocknet von den Babyloniern. Die Zedernbalken wurden herangeschafft aus jenem Gebirge, das man den Libanon nennt.*

*Das assyrische Volk brachte sie nach Babylon, und von dort transportierten Karier und Ionier sie bis zu diesem Palaste. Die wertvollen Hölzer stammen aus Gandhara und Karmanien. Gold kam aus Sardes und aus Baktrien und wurde hier verarbeitet. Der wunderbare Stein, der Lapislazuli genannt wird, und Karneol wurden aus der Sogdiana gebracht. Wertvolle Türkise trug man aus Khorasmien herbei. Silber und Ebenholz kamen über Ägypten hierher, Der Wandschmuck stammte aus Ionien. Das Elfenbein, das man hier bearbeitet hat, wurde eingeführt aus Äthiopien, dem Lande Sind und Arachosien. Die steinernen Säulen, die hier ausgerichtet wurden, behauten Ionier und Sarden. Die Goldschmiede waren Meder und Ägypter.*

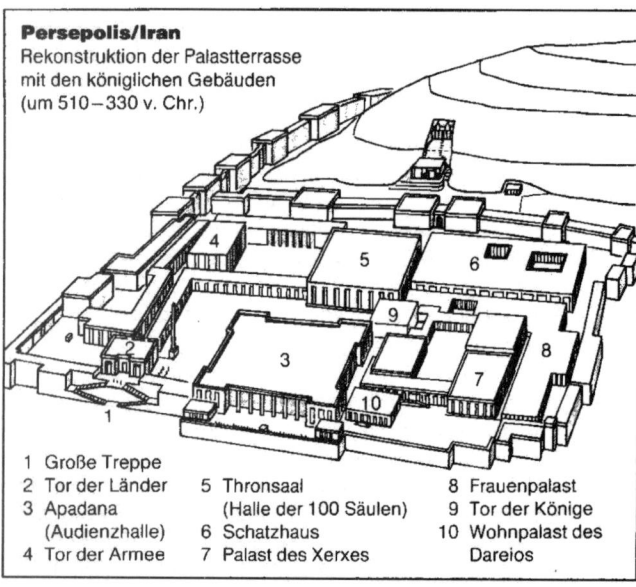

**Persepolis/Iran**
Rekonstruktion der Palastterrasse
mit den königlichen Gebäuden
(um 510–330 v. Chr.)

1 Große Treppe
2 Tor der Länder
3 Apadana
(Audienzhalle)
4 Tor der Armee

5 Thronsaal
(Halle der 100 Säulen)
6 Schatzhaus
7 Palast des Xerxes

8 Frauenpalast
9 Tor der Könige
10 Wohnpalast des
Dareios

Persepolis hatte keinerlei strategische Bedeutung, »die westliche Welt erfuhr erst von ihrer Existenz, als sie von Alexander dem Großen zerstört wurde«. (M. Eliade) Durch die symbolisch-rituelle Wiederholung der Kosmogonie erneuerte der Nawróz jährlich die Welt – wie dies in den alten Städtekulturen in Mesopotamien und Ägypten schon lange vorher praktiziert wurde. Mittelpunkt des Festes und der Kosmogonie war der siegreiche Kampf eines Gottes oder siegreichen Heroen gegen ein Seeungeheuer oder einen Drachen. Damit sollte der Sieg des Reiches gegen alle gefährlichen Widersacher gesichert werden. Der Drachenkampf wurde zu einem beliebten Erzählmotiv in der persischen Literatur und man verglich gerne die Gegner des Reiches mit Drachen. Der iranische König war für die Erhaltung und Erneuerung der Welt (= seines Reiches) verantwortlich – was in der Lehre des Zarathustra auf die allgemeine Erneuerung der Erde ausgeweitet wurde. Jeder zoroastrische Priester war davon überzeugt, durch sein Opfer die eschatologische Umwandlung vorwegzunehmen und vorzubereiten. Wieweit im Neujahrsfest in Persepolis der Zoroastrismus einbezogen wurde oder ob zwischen beiden ein Konflikt bestand, ist nicht mehr festzustellen.

## Die Reform des Zarathustra

Die relativ gut erforschte **Religion des Zarathustra** kann in unserem Rahmen nur überblicksweise behandelt werden:

**Der historische Zarathustra** (eigentlich Zaratushtra) hat in Baktrien, im Nordosten des iranischen Hochlandes wahrscheinlich zwischen 570 und 500 v. Chr. gelebt, war also ein Zeitgenosse der persischen Herrscher *Kyros II.* (559–529), *Kambyses II.* (529–522) und *Dareios I.* (521–486). Er stammte aus dem Geschlecht der *Spitama* und war wahrscheinlich ein Sohn der Tochter des letzten Mederkönigs *Astyages* (585–550), die einen Spitama geheiratet hatte, und wurde in Ragā als Sohn des Pferdezüchters *Pourushaspa* geboren. Aus dynastischen Gründen heiratete Kyros II. die legitime Erbin des Mederreiches, so dass deren Tochter *Atossa* die Halbschwester Zarathustras war. Er war verheiratet und hatte Kinder; wir kennen nur den Namen seiner jüngsten Tochter: *Pourutschista* und wissen, dass er nicht begütert war. Er soll in einem Feuertempel im Alter von etwa 70 Jahren ermordet worden sein.

Da es kaum historische Quellen für die Existenz Zarathustras gibt, mussten seine Lebensumstände aus dem **Awesta** (= Heilige Schrift des Zarathustra) rekonstruiert werden.

Der persische Adelige Zarathustra war ein Opferpriester *(zaôtar)* und Sänger *(hôtar)* am Hof des Großkönigs und war wahrscheinlich »in den indoiranischen Schamanentechniken bewandert, seine Ekstasen und Visionen weisen aber keine schamanische Struktur auf«. (M. Eliade) Er ist eher ein Prophet, der Offenbarungen (von **Ahura Mazda**) empfing und als Reformer der traditionellen iranischen Religion auftrat, die stark vom Haoma-Rauschtrank- und vom Rinderopfer bestimmt war. Durch ein Edikt des Kambyses musste er aus Ragā fliehen und fand bei seinem Freund, dem Satrapen **Vishtāspa,** dem Vater des Darius (mit dem die jüngere Linie der Achämeniden beginnt), in Tôsa Zuflucht und Unterstützung bei seinen religiösen und sozialen Reformideen. Er sammelte Jünger um sich – was im indoeuropäischen Zusammenhang für einen führenden Priester durchaus üblich war – und wurde von den traditionalistischen Männerbünden bekämpft. In den Pehlevi-Texten wurde seine Geburt und Kindheit mythologisch verfremdet – wie wir es auch bei Buddha oder Jesus finden können.

Das wichtigste Quellenwerk ist das **Awesta.** Nach der Überlieferung der **Parsen,** der Nachfolgereligion der Lehre des Zarathustra, die sich als Hüter dieses Erbes und des Awesta verstehen und heute in Bombay (Indien) ihr Zentrum haben, enthielt das Awesta ursprünglich 21 **Nask** (= Bücher), von denen heute nur mehr einer ganz erhalten ist. Die von Vishtāspa beauftragte erste schriftliche Ausgabe soll mit goldenen Lettern auf 12.000 Rindshäute geschrieben und im königlichen Schatzhaus hinterlegt worden sein. In Alexandrien ist das Awesta später ins Griechische übertragen worden. Doch beide Ausgaben und auch eine in Persepolis hinterlegte Kopie des Urtextes gingen zugrunde. Vom Sassanidenkönig **Schahpur II.** (310–379 n. Chr.) wurde eine Sichtung der damals kursierenden Texte des Awesta veranstaltet und diese Sammlung kanonisiert. Wieviel dabei am ursprünglichen Text geändert wurde oder was schon damals – immerhin mehr als 800 Jahre nach dem Ursprung! – nicht mehr vorhanden oder nicht mehr verständlich war, lässt sich nicht mehr eruieren. Das Problem war auch deshalb groß, weil die Redaktoren im 4. Jh. n. Chr. die alten, in einem medischen Dialekt (der ebenfalls Awesta genannt wird) abgefassten Texte nicht mehr verstanden und deshalb zuerst eine Übersetzung ins Mittelpersische (= *Pehlevi*) anfertigen ließen, wobei die vielen aramäischen Wörter durch persische Ausdrücke ersetzt wurden. Der Sinn vieler Ausführungen war aus diesem Grunde nicht mehr verständlich, weshalb Erklärungen und Kommentare zu solchen dunklen Stellen verfasst und der Übersetzung beigefügt wurden. Diese Übersetzung samt Kommentar nannte man **Zend**. Der Ausdruck **Zend-Awesta** sollte die revidierte Fassung von der ursprünglichen unterscheiden. Bis in das 9. Jh. n. Chr. hinein gab es weitere zoroastrische Texte in der Pehlevi-Sprache, die hauptsächlich volksreligiöse Themen enthalten, die tw. weit vom ursprünglichen Glauben des Zarathustra abweichen.

Aus dem heute vorliegenden – nur mehr ein Viertel des ursprünglichen wiedergebenden – Awesta sticht ein Teil durch Form und Alter besonders hervor, es sind die **Gāthās**, kurze metrische Texte, die von Zarathustra selbst stammen dürften. Diese Gāthās nennt man heute **Älteres Awesta** und unterscheidet sie vom **Jüngeren Awesta**, das die übrigen, teilweise späteren, bearbeiteten und ergänzten Teile enthält. Das jüngere Awesta setzt in vielem (sowohl inhaltlich wie sprachlich) eine Weiterentwicklung der Lehre des Zarathustra voraus, es tauchen sogar von ihm seinerzeit bekämpfte Gottheiten und von ihm verbannte religiöse Bräuche wieder auf und stehen daher im Gegensatz zu den Gathas: »Mythische und wissenschaftliche Themen wechseln mit ländlichen und kriegerischen Gesängen« (Franz König).

Das **Awesta** hat **5 Teile:**

1. *Yasna* (= Opfer, Verehrung); heute noch im parsischen Gottesdienst verwendete Texte, die beim Haoma-Opfer rezitiert wurden. In 72 Kapiteln sind Anrufungen von Gottheiten und Gebetsformeln enthalten. Die Kapitel 28–34, 43–51 und 53 enthalten die Gathas, also **das Ältere Awesta.**

2. *Vispered* (= alle Herren); enthält in 24 Kapiteln Ergänzungen und Erweiterungen zum Yasna.

3. *Yashts* (= verehrungswürdige Gottheiten); enthält in 21 Kapiteln Verherrlichungen von Gottheiten in der Chronologie des mazdäischen Kalenders.

4. *Vendidad* (= Gesetz gegen die Dämonen); enthält in 22 Kapiteln das ursprünglich 19. Buch der Gesamt-Awesta: es han-

delt sich um eine Art kirchliches Gesetzbuch mit Vorschriften über Reinigung und Bußwerke.

5. *Khorda Awesta* (= Kleines Awesta); enthält verschiedene kleinere Gebete und Kurztexte.

Um das tatsächlich von Zarathustra Stammende und die späteren, in den Schriften der sogenannten **Zoroastrier** enthaltenen Elemente unterscheiden zu können, werden in der Folge erstere **zarathustrisch**, letztere **zoroastrisch** genannt.

Im Zentrum des Glaubens des Zarathustra steht **Ahura Mazda** (= Weiser Herr). Von ihm empfängt er seine Offenbarungen, und indem er sie annimmt, wiederholt er die ursprüngliche Wahl des Guten und fordert die Menschen auf, ebenfalls diese Grundentscheidung Gottes zu imitieren. So sehr Ahura Mazda in vielem monotheistische Züge trägt (Schöpfer durch Denken und Wollen, Anfang und Ende von allem, es gibt keine anderen Gottheiten neben oder unter ihm, keine Gemahlin, keine mythischen Bezüge), wird seine Allmacht doch von **Ahriman**, dem Prinzip des Bösen, eingeschränkt. Es handelt sich aber nicht um »Dualismus« im strengen Sinn des Wortes, denn alles, das Gute *und* das Böse, geht von ihm aus und mündet in ihm. Da er freie Wesen geschaffen hat, respektiert er ihre Freiheit – auch wenn sie sich gegen ihn und seine Wohlordnung richten. – Auf dem Felsengrab des Darius in Naqch-i-Rustam sind die folgenden zarathustrischen Gedanken eingraviert:

*Ein großer Gott ist Ahuramazda, der dies alles übertreffende Werk geschaffen hat, das sichtbar geworden ist. Der den Frieden geschaffen hat für den Menschen, der mit göttlicher Weisheit und Gutsein Dareios, den König, bekleidet hat. Der König Dareios spricht: »Durch Ahuramazdas Willen bin ich von solcher Art: Was recht ist, liebe ich, Unrecht hasse ich. Nicht ist mein Gefallen, dass der Niedere des Hohen wegen Unrecht leide, noch ist das mein Gefallen, dass der Hohe des Niederen wegen Unrecht leide. Was recht ist, das ist mein Gefallen. Den Anhänger des Drugs (= Lüge, Böses) hasse ich. Ich bin nicht rachsüchtig: Die mir gefährlich werden, halte ich fest, und meiner eigenen Leidenschaft bin ich streng Herr. Wer sich bemüht, den belohne ich nach seinem Verdienst. Wer sich vergeht, den bestrafe ich nach seiner Missetat.*

Ahura Mazda (später als eine Wesensbezeichnung zusammengezogen zu Ohrmuzd oder Ormazd) ist der **Schöpfer** und **Gesetzgeber** der Natur und des Kosmos und wird bildlose verehrt. Er ist der **Richter** nach dem Tod und am Ende der Weltzeit und das ewige Ziel ist es, mit ihm vereint zu sein im Zustand der immerwährenden Seligkeit.

Es gibt den Bereich des **Geistigen** *(manahya)* und des **Stofflichen** *(astvant)*, die aufeinander zugeordnet sind, aber einen diametralen Gegensatz darstellen. Und es gab diesen Gegensatz von Anfang an, d. h. jenseits der zeitlichen Grenzen der Vergangenheit haben sich zwei Geister in freier Wahl entschieden: der eine für **das Gute** *(spēnta maynu)* und der andere für **das Böse** *(aògra maynu)*. Aus letzterem Ausdruck wurde das Wort *Ahriman*.

In den Gathas steht Ahura Mazda **teilweise über** diesen beiden gegensätzlichen Geistern, teilweise wird er mit dem Guten Geist in eins gesetzt; im zoroastrischen Denken bilden der Weise Herr und Ahriman **letzte Gegensätze**. Aber in der Eschatologie ist dann Ahura Mazda der endgültige Sieger über den Geist des Bösen und der Mittelpunkt des seligen Alls.

In der Lehre des Zarathustra ist Ahura Mazda von **Amesha Spentas** (= heilwirkende Unsterbliche) umgeben, wobei deren Wesen nicht eindeutig festgelegt werden kann. Sie sind einerseits Eigenschaften, also *Aspekte Gottes*, andererseits *Tugenden der Gläubigen*. Im zoroastrischen Denken sind sie *Schutzgottheiten*, die eine dem Weisen Herrn nahestehende Sechsergruppe in der Art von (christlichen) Erzengeln bilden, die bestimmte Funktionen und Wirkungsbereiche im göttlichen wie im menschlichen Bereich haben und sogar in weiblich oder männlich aufgeteilt werden. Man nennt sie *vohu manah* (= gute Gesinnung), *asha* (= Gerechtigkeit), *ārmaiti* (= Fügsamkeit), *xshathra* (= Herrschaft), *haurvatāt* (= Gesundheit), *amaratāt* (= Unsterblichkeit). Ahura Mazda wirkt durch sie in der Welt der Menschen, und diese sollen mit ihnen zusammenarbeiten. Im Reiche Ahrimans gibt es die entsprechenden Gegenkräfte – z. B. *Drug* (= Lüge) als Gegensatz zu *Asha*.

**Der Mensch hat den freien Willen** und soll sich auf Erden für die Seite des Guten entscheiden und damit die uranfängliche Entscheidung zum Guten und gegen das Böse wiederholen. Das bedeutet, dass alles in der Welt nach Gut oder

Böse untersucht und entschieden wird: Was steht im Dienst des Bösen oder des Guten? Ersteres ist zu meiden, Letzteres zu tun! Zarathustra »verkündete geradezu einen heiligen Krieg gegen die Kräfte des Bösen« (M. Eliade) – und es wäre nicht unmöglich, dass diese Sicht auch in die Dschihad-Vorstellungen Muhammads eingeflossen sind, der bekanntlich neben den Juden und Christen auch die Zoroastrier als »Leute des Buchs« gesehen und anders behandelt hat als die Polytheisten.

Diese Spannung verhärtete sich immer wieder zu einem praktischen Dualismus, der aber von der Grundkonzeption Zarathustras deutlich distanziert wird. Die konkrete Handlungs-Ethik (die Gesinnung tritt in den Hintergrund!) dringt immer wieder aus den Gesängen der Gathas durch:

*Höret mit euren Ohren das Beste, betrachtet mit klarem Denken die beiden Wahlmöglichkeiten, die zur Entscheidung stehen … Zwischen diesen beiden haben sich richtig entschieden diejenigen, die gut handeln, und nicht die, die schlecht handeln. Zwischen diesen beiden haben die Daevas (= die von Zarathustra verworfenen Volksgötter) die falsche Wahl getroffen; weil Betörung sie überkam, als sie mit sich zu Rate gingen, erwählten sie das schlechte Denken.* (Yasht 30,2–5)

Es gibt keine Magie, keine Zaubersprüche, keine Protektion oder Prädestination, sondern nur die freie Entscheidung des Menschen, der sein Schicksal selbst bestimmt. Deshalb ist auch alles zu verwerfen, was die klare Entscheidung vernebelt – also z. B. der Rauschtrank beim Haoma-Opfer.

Zarathustra hat nicht jede Form von Opfer abgelehnt, nur die blutigen Tieropfer und die Verwendung berauschender Substanzen, ohne nach echter Erleuchtung zu streben. Macht der Opferpriester im Vollzug des Ritus (z. B. als Sänger) ekstatische Erfahrungen, die zur Erleuchtung *(čisti)* führen, wird er zum **Magus** (= Magier), und es gelingt ihm, seinen geistigen Kern *(mēnōk)* von seiner leiblichen Natur *(gētik)* zu trennen, d. h. er gewinnt den ursprünglichen Zustand der Reinheit und Unschuld zurück und trägt zur Umgestaltung der Welt *(frašōkereti)* bei.

Wahrscheinlich hat Zarathustra die Verwendung des **Haoma-Tranks** nicht grundsätzlich abgelehnt, nur dessen Missbrauch. Denn der Unsterblichkeitstrank ist reich an Lebenskraft *(xvarenah)* und ist »zugleich feurig, leuchtend, belebend und samentragend. Ahura Mazda ist der eigentliche Besitzer von ›Xvarenah‹; doch diese ›göttliche Flamme‹ entspringt auch der Stirn Mithras (Yasht 10,127) und entströmt als ›Sonnenlicht‹ dem Haupt des Königs.« (M. Eliade) Jeder Mensch besitzt ein gewisses Quantum an dieser »heiligen Flamme« und bei der letzten Erneuerung wird dieses große Licht ungehindert auf der ganzen Erde erstrahlen.

*Zwei sassanidische Feuerältäre bei Persepolis bezeugen die Verehrung des Ahura Mazda in Persien.*

In der zoroastrischen Religion übernahmen die Priester – nach dem Rückgang der Tier- und Trankopfer – die Pflege des **Feuerkults**. Wahrscheinlich gehörte er zu den ur-iranischen Überlieferungen und wurde durch das Zurücktreten der anderen Opfer- und Kultformen in den Vordergrund gerückt. Im Awesta wird kein Feuertempel erwähnt, aber im Laufe der Zeit wurden schon in der Achämenidenzeit kleine Bauten dafür errichtet. K. Erdman schreibt: »Der Iran war mit einem Netz von Feuern überzogen. Von seinen Bergen loderten die Flammen, in seinen Städten leuchteten sie auf den Altären der großen Heiligtümer, jedes Dorf besaß sein āteshgah, und in jedem Haus brannte das heilige Feuer. Eine bis ins letzte durchdachte Hierarchie ermöglichte es, dabei das dienstbare Feuer der täglichen Bedürfnisse am Hausfeuer, das Gaufeuer am Adhuranfeuer der Gemeinde, das Adhuranfeuer am Bahramfeuer des Gaues zu reinigen und so einen kontinuierlichen Strom des Bahramfeuers, das eine Emanation des göttlichen Feuers ist, bis hinunter zu leiten zur letzten Flamme auf dem Herd des iranischen Bauern.«

Das **Reinerhalten des Feuers** geschah auf diese Weise zentral, war aber nicht die einzige Aufgabe der Priesterschaft – und jedes Menschen. Es wurde auch sehr darauf geschaut, **Wasser, Luft** und die **Erde** rein zu erhalten. Leichenverbrennung war deshalb ein todeswürdiges Verbrechen, und die Priester mussten den Feuerdienst mit einem Tuch vor Mund und Nase vollziehen, um das heilige Feuer nicht zu verunreinigen.

Der **körperliche Tod** steht mit den Mächten des Bösen in Zusammenhang, daher verunreinigt sich jeder, der einen Leichnam berührt; nur professionelle Leichenträger durften sich unter Einhaltung bestimmter Reinigungsvorschriften Verstorbenen nähern und sie in den **Turm des Schweigens** *(Dakhma)* bringen, wo sie den Geiern überlassen wurden. Diese Praxis hängt zusammen mit dem **starken Jenseitsglauben** des Zarathustra: Der sterbliche Leib *(tanū)* wird abgelegt, wenn ihn die Lebenskraft verlässt. Der Gestorbene aber lebt in geistiger Weise *(tan i pasēn)* weiter. Seine Seele *(urvan)* wird als geistiges Prinzip gedacht, das ohne Körper als persönliches Wesen weiterlebt, verbunden mit der Gesinnung *(daēna),* der geistigen Gestalt *(kēhrp)* und dem übersinnlichen Wahrnehmungsvermögen *(baodah).* Dies ist auch die Seinsweise der **Fravaschis** (= Schutzgeister der Verstorbenen).

Entscheidend beim Sterben ist das Überschreiten der **Činvat-Brücke** (= Brücke der Trennung), die vom Diesseits ins Jenseits führt. Das Überschreiten gilt als unangenehm, es fehlt aber in den Gathas jede Beschreibung – wie sie z. B. Muhammad in Sure 52 und 82 anbietet. Für Zarathustra genügt es zu wissen, dass es der Übergang zu Lohn oder Strafe ist, und er bietet allen seine Begleitung an, wenn sie im rechten Glauben und auf der richtigen Seite gelebt haben: *»Die ich zum Lobpreis führen werde, mit diesen allen werde ich über die Brücke der Trennung ziehen.«* (Yasht 46,10). In der mittelpersischen

Literatur wird die Brücke dagegen zum Gerichtsinstrument: »*Für die Anhänger des Weisen Herrn hat die Brücke eine Breite von neun Speeren oder 27 Pfeilen; für die Seele des Lügners verengt sie sich beim Überschreiten und wird so schmal wie die Schneide eines Messers, so dass die Seele, wenn sie sich in der Mitte befindet, unweigerlich in den höllischen Abgrund stürzt.*« (Großer Bundahishn)

Jenseits der Brücke findet – den Gathas zufolge – das **Gericht** statt. Es wird deshalb gerecht sein, weil es aufgrund des gesamten Lebenswandels gefällt wird: »*Wie es den Gesetzen für das erste Leben entspricht, so wird der Richter* (= ratav) *durch gerechtes Handeln gegen den Lügner vorgehen und gegen den Rechtschaffenen sowie gegen den, bei dem, was falsch und was rechts ist, miteinander vereint sind.*« (Yasht 30,4;43,5) Für Zarathustra ist die Tatsache des Gerichts wichtig, nicht die Art und Weise. Dem Richter bleibt nichts verborgen, denn er verfügt über das »leuchtende Auge« und seinen Sinn für Gerechtigkeit *(asha)*. Alle Taten des Menschen werden offenbar. Die guten Taten werden aufbewahrt oder – zusammen mit den schlechten – »in einem Kontobuch eingetragen«.

In späterer Zeit fungiert ein **Richterkollegium,** gebildet aus *Mithra*, dem Wächter *Sraosha* und dem Bediener der Gerichtswaage *Rashnu,* im Beisein von *Zarathustra*, als Hohes Gericht. In der mittelpersischen Literatur wird das Erscheinen vor Gericht breit ausgemalt.

Nach dem Richtspruch kommt es sofort zu seiner **Ausführung**: Die Seelen der Gerechten kommen an einen Ort immerwährenden Glücks, die Verehrer der falschen Götter an den Ort immerwährenden Schreckens. Beide wurden von Ahura Mazda von Anfang an als gerechter Lohn oder gerechte Strafe bestimmt. Zwischen Himmel und Hölle gibt es – allerdings nur angedeutet – einen dritten Ort, zu dem jene gebracht werden, bei denen sich Gut und Böse die Waage halten, er bleibt aber inhaltlich unbestimmt.

Die Lehre des Zarathustra (in der Fassung des Jüngeren Awesta) enthält auch die Vorstellung eines **Weltgerichts** – als Abschluss der Erd- und Weltgeschichte, als endgültiger Triumph des Weisen Herrn, Vernichtung des gegnerischen Lügenreichs und verklärende Neugestaltung der Körperlichkeit. Die **Erd- und Weltgeschichte** verläuft in einem

12.000-jährigen Zyklus: Im ersten Viertel wird das geistige, im zweiten das körperliche Dasein geschaffen, zu Beginn des dritten dringt Ahriman in die Welt des Ohrmizd ein, und es kommt zur Vermischung der beiden Welten. Gegen Ende dieser dritten Phase tritt Zarathustra auf und verkündet die neue Religion, derzufolge sich jeder für Ohrmuzd und gegen Ahriman entscheiden kann. Zu Beginn jedes Jahrtausends tritt ein Sohn Zarathustras (geboren von einer Jungfrau, die Zarathustras Samen aus dem Kansavyasee empfangen hat) als Helfer *(saoshyant)* auf. Der dritte Sohn am Ende der vierten Phase wird der Helfer schlechthin, der die Menschen, welche die eschatologische Umgestaltung miterleben, verklärt und die Leiber der Verstorbenen auferweckt. Im **Bundahishn** (= Schöpfung; mittelpersische Textsammlung alter Awesta-Texte aus dem 9. Jh. n. Chr.) wird dies so geschildert:

*Zuerst werden die Gebeine des Gayōmart* (= Urmensch) *zum Leben erweckt werden, dann die des Mashi und Mas-hani* (= erstes Menschenpaar), *dann die der übrigen Menschen. Nach 57 Jahren wird Soshans* (= der Helfer) *die Toten erwecken. Er lässt alle auferstehen, wer gerecht ist und wer ein Lügner ist. Alle Menschen werden dort aufer-stehen, wo ihre Seele entschwunden war ... Darauf wird ein Mensch den anderen erkennen: Das ist mein Vater, mein Bruder ... Die Menschen werden sich auf dieser Erde befinden. In dieser Versammlung wird jeder seine eigenen guten und schlechten Handlungen sehen. Der Gerechte wird vom Lügner sich unterscheiden wie das weiße Schaf vom schwarzen ... Dann werden sie den Rechtschaffenen vom Lügner trennen: Den Rechtschaffenen werden sie in den Himmel geleiten, den Lügner in die Hölle stoßen – drei Tage und drei Nächte werden die Verdammten körper-lich und seelisch in der Hölle Strafe erleiden. Der Gerechte wird im Paradies körperlich diese drei Tage und Nächte die Seligkeit schauen ... Es wird der Rechtschaffene über den Lügner weinen, der Lügner wird über sich selbst weinen. ... Wenn Gocihar* (= ein Meteorit) *am Himmel von einem Mondstrahl zur Erde fällt, so wird die Erde in so großer Angst sein wie ein Schaf, wenn es der Wolf anfällt ... Ormazd vollendet zu dieser Zeit sein Werk. Und Soshyans und seine Gehilfen vollziehen ein Opfer, während sie die*

*Toten wiederherstellen ... und schlachten den Stier Had-hayōsh. Von dem Fett des Stiers bereiten sie das Lebens-elixier und geben es allen Menschen zu trinken, und alle Menschen werden unsterblich für immer und ewig ... Die Auferstandenen tun jetzt wie in der Welt, aber Kinderer-zeugung findet nicht mehr statt. – Alsdann schlägt Ormazd den Ahriman, Vohuman den Akōman, Ashavahisht den Inder, Ahatvaïr den Sāvar ... wahre Rede die lügnerische Rede. Dann bleiben zwei böse Geister übrig, Ahriman und Âz (= Dämon der Gier). Ormazd wird in die Welt kom-men, er selbst als Opferpriester und Srōsh als sein Minis-trant. Und er hält den heiligen Gürtel in der Hand. Und durch die Worte der Gāthās werden Ahriman und Âz hilf-los und ohnmächtig werden. Und auf dem Weg, auf wel-chem er in den Himmel eingedrungen war, stürzt er zurück in die Finsternis und das Dunkel der Hölle ... In dem ge-schmolzenen Metall verbrennt alle Unreinigkeit und aller Gestank, die in der Hölle waren, und sie wird ganz rein werden., und das Land der Hölle gibt Ormazd der Glück-seligkeit der Welt zurück. Die Erneuerung findet in den Welten statt nach seinem Willen, und die Welt wird un-sterblich für immer und ewig.*

Im Älteren Awesta wird das Weltgericht als **Endkampf** zwi-schen den Heeren Ahura Mazdas und Ahrimans dargestellt. In einer typischen Anfrage des Zarathustra an Ahura Mazda heißt es: »*Das frage ich dich, sage es mir getreulich, o Herr, ob du darüber Macht hast, zusammen mit der Gerechtigkeit (= asha) es zu überwachen, wenn die beiden feindlichen Heere zusammentreffen, nach jenen Bestimmungen, welche du, o Weiser, festhalten willst? Wem wirst du den Sieg verleihen?*« (Yasht 44,15) Sieg und Niederlage sind beide endgültig, sie stellen das Endgericht dar. Darin ist auch nicht unbedingt ein Widerspruch zum individuellen Gericht auf der Činvat-Brücke zu sehen. Dort handelt es sich um die individuelle Perspektive, hier um das kosmische Gericht, bei dem das Ein-zelleben in den Hintergrund tritt und die welt- und heilsge-schichtlichen Zusammenhänge sichtbar werden: »*Als den Heilwirkenden erkannte ich dich, o Weiser, als ich dich an-fangs erschaut hatte bei der Schaffung des Lebens, als du be-stimmtest, dass den Werken und dem Gesprochenen ein*

*Lohnanteil zukomme; ein schlechter Anteil für Schlechtes und ein guter Lohn für Gutes durch deine Macht beim letzten Wendepunkt der Schöpfung.*« (Yasht 43,5) Damit hört auch der Dualismus auf, und der Weise Herr herrscht allein und uneingeschränkt für immer – womit ein »eschatologischer Monotheismus« (Franz König) gegeben ist, der auf dem allen indoeuropäischen Völkern gemeinsamen »Himmelvater« aufbaut.

**Zarathustra** geht mit seiner sehr differenzierten Vorstellung des Ahura Mazda, mit seiner Vermeidung von abhängigen Gottheits-Vorstellungen und mit seiner sozial-ethischen Ausrichtung weit über das allen indoeuropäischen Religionen Gemeinsame hinaus und hat mit seiner den Menschen bindenden Weltordnung eine Religion geschaffen, die weit über die in manchem ähnliche indische Konzeption hinausführt – wie über die indoiranische Religion, in der er gelebt und die er mit seiner Reform entscheidend überhöht hat.

Im **Zoroastrismus** ist ein deutlicher Rückschritt zur Volksreligion festzustellen – mit der Divinisierung und Personalisierung von Eigenschaften Ahura Mazdas, mit einer breit ausgemalten Dämonologie und mythologischen Umschreibungen und Ableitungen des geistig-kühnen kosmogonischen und eschatologischen Durchblicks des großen Zarathustra.

Im **Zervanismus** ist *Zervan* der Vater von Ormazd und Ahriman und daher der Urheber des iranischen Dualismus. In der Jüngeren Awesta« und z. B. in der armenischen Tradition ist der medische Gott *Zervan* die Quelle der Zeit und des Glücks und der Herr des Schicksals, wird aber selten genannt.

## Die Mysterien des Mithra

Von Ernest Renan stammt der Ausspruch »Wenn das Christentum in seinem Wachstum durch irgendeine tödliche Krankheit angehalten worden wäre, wäre die Welt mithrisch geworden«. Der Ursprung dieses erst in den ersten christlichen Jahrhunderten im Westen bekannt gewordenen Kultes liegt in Persien bzw. im Awesta.

Im 1. Teil des Awesta gibt es einen langen Hymnus zu Ehren des Gottes **Mithra** (Yasht 10), dessen Aussagen einigermaßen überraschend sind, aber vielleicht erklären können, wie es zur Ausbildung der **Mysterien des Mithras** um die Zeitenwende gekommen ist. Dieser *Mihr Yasht* beginnt mit einer eindeutigen »Standortbestimmung«: »*Als ich Mithra, den Weidenreichen, schuf, machte ich ihn genauso verehrungs- und anbetungswürdig wie mich selbst.*« (Vers 1) Dies erklärt die hohe Bedeutung, die Mithra im indoiranischen Kult hatte, stellt aber klar, dass Ahura Mazda der einzige, absolute Schöpfergott ist. Am Ende (Vers 145) werden in der Bezeichnung **Mithra-Ahurā** beide im Sinn von Vers 1 vereint.

*Ardaschir II. zwischen Mithra (links mit Strahlen) und Ahura Mazda; er bekommt von letzterem die Krone und erhält so Macht über seine Feinde (unter seinen Füßen ein Gefangener!).*

Gegenüber der indoarischen und indoiranischen Vorstellung sind Mithra im Mihr Yasht eine Reihe neuer Funktionen zugewachsen: Er ist der Gott der Verträge, der Gott des Krieges gegen die *Daēvas* (= Lügengötter) und Gottlosen und der Sonnengott, dessen Wesen das Licht ist. Er ist allsehend, allwissend und der universale Versorger (Ackerbau und Viehzucht). Ahura Mazda und die Amesha Spentas haben ihm über dem Berg Harā, in der geistigen Welt, aber über dem Himmelsgewölbe, ein Haus errichtet. Der Weise Herr weiht Haoma zum Priester Mithras, schreibt den Ritus für den Mithraskult vor (Vers 119–122) und vollzieht ihn selbst zum ersten Mal im »Haus des Sanges« im Paradies (124). Schließlich wird Mithras »Licht-das-die-ganze-Welt-erhellt« genannt (142–144) und zusammen mit Ahura Mazda angebetet: »*Durch die Pflanze Barsom beten wir Mithra und Ahura an, die glorreichen Herren der Wahrheit, die für immer frei von Verderbnis sind. Wir beten die Sterne, den Mond und die Sonne an. Wir beten Mithra, den Herrn aller Länder an.*« (145)

Eine Bemerkung Plutarchs, dass die Seeräuber Kilikiens »heimlich die Mysterien des Mithra begingen«, ist **das älteste Zeugnis** über die Verbreitung der Mysterien des Mithra außerhalb von Persien. Als Pompeius ihre Macht gebrochen und sie in seine Legionen eingegliedert hatte, haben sie den Kult im ganzen römischen Reich verbreitet. Wer in den Anfängen sonst noch daran beteiligt war und wie die Verehrung des iranischen Gottes in die Mithra-Mysterien verwandelt wurde, ist noch nicht erforscht. Wahrscheinlich haben die *Magoi* (= zoroastrische und indoiranische Priesterschaft) entscheidend dazu beigetragen. Auch die *Parther* haben als Nachfolger des Achämenidenreichs dabei eine wichtige Rolle gespielt. Am Grabmal Antiochus' I. († 34 v. Chr.) in Kommagene reicht Mithra als Protektor der parthischen Herrscher dem König die Hand; und die großen Zeremonien der Mithrakāna wurden seit Ende der Achämenidenzeit öffentlich begangen; Zeugnisse für ein geheimes Ritual gibt es aus dieser Zeit jedoch nicht.

Der **Zugang zur Mythologie** und Theologie der Mysterien des Mithra ist uns hauptsächlich anhand bildlicher Darstellungen möglich, schriftliche Zeugnisse beziehen sich hauptsächlich auf die Mythen und die Initiationsgrade – Inhalte sind weitgehend unbekannt, weil geheim.

Die Geburt des Mithra aus einem Felsen erklärt wahrscheinlich, warum die Mysterien in einer Höhle stattfanden. In der armenischen Tradition schließt sich *Meher* (= Mihr, Mithra) das Jahr über in einer Höhle ein und tritt nur einmal im Jahr in Erscheinung. Der parthische König hielt sich am Tag vor seiner Inthronisation in einer Grotte auf, und seine Untertanen verehrten ihn wie ein Kind von übernatürlicher Abstammung – als reinkarnierten, wiedergeborenen Mithra.

Die Hauptmythe bezieht sich auf den Raub des Stiers durch Mithra und dessen Opferung auf Geheiß der Sonne *(Sol invictus)*. Widerwillig – den Kopf abwendend – greift Mithra dem

Stier mit der Linken in die Nüstern und stößt ihm mit der Rechten das Messer in die Seite. Aus dem Körper des sterbenden Tiers entstanden heilsame Kräuter, aus dem Rückenmark Getreide und aus dem Blut der heilige Trank für die Mysterien. Gegenüber der zoroastrischen Sicht, wo Ahriman den Urstier tötete, um die Welt zu verunreinigen, ist dies eine Wende zum Positiven und vielleicht aus dem starken eschatologischen Aspekt zu erklären, den das Opfer später erhielt.

Die Opferung des Stiers findet in einer Höhle in Gegenwart von Sonne und Mond, der zwölf Tierkreiszeichen, der sieben Planeten, der Symbole der Winde und der Jahreszeiten statt, hat also eine kosmische Struktur. Zwei Gestalten (*Cautes* und *Cautopates*) beobachten mit einer brennenden Fackel in der Hand die Opferung; sie stellen zwei weitere Inkarnationen Mithras dar und erklären die Vorstellung vom »dreifachen Mithra« (Pseudo-Dionysios).

Die Beziehung zwischen Mithra und Sol ist noch nicht restlos klar, denn auf Inschriften wird Mithra *Sol invictus* genannt, in einigen Abbildungen beauftragt Sol (obwohl er unter Mithra steht) den Mithra, den Stier zu töten, auf anderen kniet Sol vor Mithra, auf wieder anderen reichen die beiden einander die Hände. Jedenfalls halten sie nachher ein Festmahl und essen vom Fleisch des Stiers. Die beim Mahl Bedienenden tragen Tiermasken – die wahrscheinlich die verschiedenen Grade ihrer Initiation anzeigen. Nach dem Mahl fährt Sol mit dem Sonnenwagen zum Himmel auf; danach auch Mithra!

Aus einem Text des Hieronymus sind wir über die Bezeichnungen für die sieben **Initiationsgrade** informiert – nicht aber über die Einzelheiten der Prüfungen: 1 – Rabe *(corax)*, 2 – Bräutigam *(nymphus)*, 3 – Soldat *(miles)*, 4 – Löwe *(leo)*, 5 – Perser *(Perses)*, 6 – Sonnenläufer *(heliodromus)*, 7 – Vater *(pater)*. Zu den ersten Graden scheinen auch bereits Kinder ab sieben Jahren zugelassen worden zu sein, sie erhielten wohl eine bestimmte religiöse Erziehung, lernten die einschlägigen Gesänge und Gebete und gehörten zur Gruppe der »Diener« (1.–3. Grad), während die »Teilnehmer« höhere Grade aufweisen mussten.

Aus den Schriften der christlichen Apologeten kennen wir einige weitere Details, z. B. dass der »Soldat« bei seiner Einweihung ein der christlichen Taufe ähnliches Sakrament erhielt. Nach Porphyrius sind die »Raben« Helfer und die »Bräutigame« tragen drei Symbole: Fackel, Diadem und eine Lampe. Nach Tertullian wurde jedem »Soldaten« auf die Stirn ein »M« eingebrannt, wodurch er gereinigt war. Dem »Löwen« goss man Honig auf die Hände und die Zunge – die Nahrung der Glückseligen und Neugeborenen. Initiationsszenen aus verschiedenen Mithräen (z. B. in Capua, Cumont, Carnuntum usw. lassen gewisse Rückschlüsse z. B. auf symbolische Kämpfe zu, die der Eleve bestehen musste. Jedem Grad war einer der Planeten zugeordnet: 1 Merkur, 2 Venus, 3 Mars, 4 Jupiter, 5 Mond, 6 Sonne, 7 Saturn (z. B. im Mithräum in Ostia). Origenes spricht von einer Leiter mit sieben Sprossen aus verschiedenen Metallen (Blei, Zinn, Bronze, Eisen, Legierung, Silber, Gold), deren genaue Funktion aber unbekannt ist. Jede Mithra-Gemeinschaft umfasste höchstens 100 Personen, wobei Frauen ausgeschlossen waren. Aus diesen Gründen war trotz der weiten Verbreitung die Zahl seiner Mitglieder wahrscheinlich nicht allzu groß. Zu seiner größten Blütezeit gab es in Rom an die 100 Mithräen – das sind aber »nur« 10.000 Mitglieder!

Die **Verbreitung** dürfte in den ersten nachchristlichen Jahrhunderten in allen römischen Provinzen erfolgt sein. Der Grund liegt vielleicht darin, dass hier archaische Mythen und Rituale durch eine breit zugängliche hellenistische Symbolik dem mystischen Erfahrungsbedürfnis dieser Menschen besonders entgegen kam. Im Pantheon der Mithra-Mysterien – bezeugt durch Funde in den Mithräen – fanden sich jedenfalls die Hauptgötter der klassischen Welt Seite an Seite mit orientalischen Gottheiten, unter denen Zervan eine gewisse Führerrolle zukam. Gegenüber den anderen exotischen Mysterien war der Mithras-Kult wahrscheinlich der am meisten assimilierte und damit zugänglichste. Zeugnisse der Verbreitung finden sich jedenfalls von Mesopotamien bis Schottland und vom Balkan über Nordafrika bis Spanien – deutlich ausgenommen (zumindest was die Funde betrifft) sind Griechenland und Kleinasien. Die frühchristlichen Apologeten (in der Verfolgungszeit) sahen die Gefahr vermutlich in der Ähnlichkeit der geheimen Zusammenkünfte, der Sakramente, des Opfergedankens und noch mehr in der Eschatologie, den Gerichtsvorstellungen und in der konsequenten Ethik. Das Edikt

Gratians, welches das Christentum zur Staatsreligion erhob und alle anderen Kulte verbot, bedeutete auch das Ende der Mysterien des Mithra.

## Der Glaube des Mani (Manichäismus)

Der Manichäismus ist wie der Mithras-Kult teilweise persischen Ursprungs, war eine Zeitlang wegen seiner Universalität und rasanten Verbreitung ein wichtiger Konkurrent des jungen Christentums, hat sich etwa bis zum 6. Jh., in China bis ins 14. Jh. n. Chr. gehalten, ist dann aber untergegangen.

**Mani** (auch Manes oder Manichäus) wurde am 14. April 216 n. Chr. in Mardinu, Afrunija oder Ktesiphon (Babylonien) unter der Regierung des letzten persischen Arsakiden-Königs *Ardavan V.* geboren. Seine Mutter war mit der 224 gestürzten parthischen Dynastie verwandt. Sein Vater Patek kam vom alten Ekbatana nach Ktesiphon, hörte dort innere Stimmen, die ihn veranlassten, sich in Südbabylonien einer Täufersekte (Mandäer, Katharioi oder Elkasiten) anzuschließen. Mani wuchs daher in einer gnostisch dominierten religiösen Gemeinschaft auf, empfing mit zwölf und noch einmal mit 24 Jahren persönliche Offenbarungen, die ihn veranlassten, sich im Jahr 240 von der Gemeinschaft loszusagen und seiner eigenen Sendung durch den »König des Lichtparadieses« zu folgen. Er wandte sich zuerst nach West-Indien (Belutschistan), erhielt aber im Jahr 243 vom 2. Sassaniden-Herrscher **Schāhpūr I.** (242–273) die Erlaubnis, in seinem Reich unter dem Schutz der Behörden frei zu predigen und seine mittlerweile entfaltete Lehre zu verbreiten. Als aber sein Protektor gestorben war, wurde Mani unter König **Bahram I.** (274–277) auf Antrag der **Magier**, also der offiziellen Priesterschaft des zoroastrischen Staatskultes im Sassanidenreich, als Irrlehrer und wegen subversiver Propaganda angeklagt und starb am 26. Februar 277 im Gefängnis. Über Manis Leben sind wir relativ schlecht unterrichtet, wohl aber über seine Geburt und seinen Tod durch zwei in Turfān (Ostturkestan) zw. Fayûm (Ägypten) gefundene und im Jahr 1942 veröffentlichte manichäische Text-Fragmente.

Obwohl die **manichäische** Kirche einige Jahre lang in Persien verfolgt wurde, breitete sie sich noch im 3. Jh. in Syrien, Nordarabien und Ägypten und im 4. Jh. in Nordafrika, Palästina, Kleinasien, Griechenland und Italien bis nach Spanien aus. In den Ursprungsländern Babylonien und Persien erlebte sie unter den islamischen Umayaden einen großen Aufschwung. Nach dem Zusammenbruch des Umayadenreichs wurde das Zentrum der Kirche nach Zentralasien (Samarkand) verlagert. Im Uigurenreich wurde der Manichäismus sogar Staatsreligion, auch in Ostturkestan und Westchina fand er weite Verbreitung, ehe er im Mongolensturm und dem damit verbundene Umbruch erlosch.

Mani verstand sich in der Nachfolge von Zarathustra, Buddha und Jesus als **Siegel der Propheten** und als der von Jesus angekündigte **Paraklet** (= Tröster). Das allein zeigt schon verschiedene Abhängigkeiten, Verbindungen und bewusste Verknüpfungen, die Mani in seinem Lehrsystem vornahm. Er war überdies von der gnostischen Lehre der Mandäer (bzw. Kataroi oder Elkaniten), unter denen er das erste Drittel seines Lebens verbracht hatte, beeinflusst, so dass Elemente von vier wichtigen Religionssystemen (Christentums, Buddhismus, Mazdaismus und Gnosis) in seiner Lehre deutlich erkennbar und von ihm auch ausdrücklich aufgegriffen und weitergeführt werden. In diesem **bewussten Synkretismus** dominiert aber eindeutig das **gnostische System.**

Mani kritisierte an den vorangegangenen großen Propheten Zarathustra, Buddha und Jesus, dass sie der **schriftlichen Darlegung ihrer Lehre** keinen oder viel zu geringen Wert beigemessen haben, weshalb ihre Lehre missverstanden und missbraucht und nach Belieben verfälscht wurde und daher oft ins Gegenteil umschlug. – Muhammad hat vierhundert Jahre später Ähnliches von den Juden, Christen und Sabäern (als den Schriftbesitzern oder Leuten des Buches = *ahl-al-kitab*) behauptet – z. B. in Sure 2,63; 5,74; 22,18, wobei er mit den Sabäern wohl die Johanneschristen (= Mandäer, die auf das apokryphe Johannesbuch verweisen konnten) meinte und mit Magiern in 22,18 die Zoroastrier (die sich auf das Awesta berufen), also auf Religionssysteme, die auch im Manichäismus vertreten sind – und hat sich selbst als **letzten** der von Allah gesandten Propheten verstanden und sich wie Mani als deren **Siegel** *(hatam an nabīyīn)* bezeichnet.

Mani legte seine Lehre in insgesamt **sieben Schriften** nieder: in dem mittelpersisch geschriebenen *Shābuhragān* sowie in den in ostaramäischer Sprache verfassten Schriften: *Großes Evangelium von Aleph bis Tau* (mit einem Bilderalbum verbunden), *Schatz des Lebens*, *Pragmateia* (= Abhandlungen), *Buch der Mysterien*, *Schrift der Riesen* und in einer Sammlung von *Briefen*. Seine Schüler fügten daran noch die *Kephalaia* (= Gespräche des Mani mit seinen Schülern), ein *Buch der Psalmen und Gebete* und das *Khwāstwānēft* (= Beichtformular). Wegen der sofort nach dem Tod des Mani einsetzenden Verfolgung sind aber fast alle diese Schriften verschollen. Man musste sie erst mühsam aus den Schriften ihrer neuplatonischen, christlichen, islamischen, persischen und chinesischen Gegner rekonstruieren bzw. aus Mänichäer-Edikten und Abschwörungsformeln die wahrscheinlichen Lehrinhalte erheben. Umso wichtiger waren die Funde einzelner Übersetzungen in Turfān und Kau-ne zu Beginn des 20. Jh. und von Fragmenten der Originalschriften in Algerien 1918 und Fayûm 1931.

Im **Zentrum seiner Lehre** steht der von Mani ausformulierte **große Mythos**, dessen Basis ein radikaler **Dualismus** bildet: Welt und Mensch sind schlecht, weil sich in ihnen Gut und Böse, Licht und Finsternis, Materie und Geist **mischen**. Das Heil kann nur durch **Scheidung** dieser vermischten Strukturen erreicht werden.

Es gab eine *frühe Zeit*, in der die beiden Prinzipien in getrennten Bereichen getrennt existierten: oben im Norden der Vater des Lichtes mit seinen Äonen und unten im Süden der Fürst der Finsternis mit seinen Dämonen und Archonten. Dann gibt es eine *mittlere Zeit* – zu der unsere Gegenwart gehört –, in der durch ungeordnete Bewegung die Vermischung entstand und seither andauert. Und einmal werden wir die *künftige Zeit* erleben, in der die ursprüngliche Scheidung wiederhergestellt sein wird.

Als der Fürst der Finsternis von der ungeordneten Bewegung seiner Materie einmal an die obere Grenze seines Reiches geschwemmt wird, nimmt er den Glanz des Lichtes in der anderen Welt wahr, und es erfasst ihn das Verlangen, dieses zu erobern.

Der »Vater« erkennt das und um seinen Gegner davon abzuhalten, ruft er aus sich heraus die »Mutter des Lebens«, die den »Urmenschen« (= Ohrmizd) in die Wirklichkeit entlässt.

Mit fünf »Söhnen«, die seine »Seele« bzw. seine fünffache »Licht-Rüstung« darstellen, steigt der Urmensch zur Grenze hinab, greift die Finsternis an und wird besiegt; seine Lichtsöhne werden von den Dämonen verschlungen. Diese Niederlage führt zur Mischung von Licht und Finsternis, stellt aber zugleich schon den ewigen Triumph Gottes sicher, denn die Dunkelheit besitzt nun einen Anteil von göttlichem Licht, das Schritt für Schritt befreit wird, wodurch der Endsieg über die Finsternis errungen wird.

In einer zweiten Schöpfung ruft Gott den »Lebendigen Geist«, der in die Finsternis hinabsteigt, den Urmenschen an der Hand nimmt und in das Paradies des Lichtes emporführt. Dabei streckt er die dämonischen Mächte nieder und schafft aus ihrem Fleisch und ihren Exkrementen die Erde, aus ihrer Haut die Himmel und aus ihren Knochen die Berge; aus den befreiten Lichtseelen schafft er Sonne, Mond und Sterne.

Schließlich ruft der Vater den »Dritten Gesandten« hervor, und dieser gestaltet den Kosmos so, dass alle gefangenen Lichtpartikel wahrgenommen und befreit werden. In der ersten Monatshälfte steigen sie zum Mond auf, wenn er voll ist, wird dieses Licht in den Himmel gebracht. Das von den Dämonen verschlungene Licht »lockt« der androgyne Gesandte hervor, indem er sich den männlichen Dämonen als verführerische Frau und den weiblichen Dämonen als lasziver Mann zeigt. Von erotischer Lust ergriffen, befördern die Dämonen, die in ihrem Sperma bzw. Uterus gefangenen Lichtseelen ans Tageslicht. Aus dem Dämonen-Samen entstehen die Pflanzen, und die dämonischen Fehlgeburten fressen die Knospen der Bäume und verleiben sich so alles in ihnen enthaltene Licht ein. Die »Materie« reagiert und konzentriert alle »Begierlichkeit« in einem Dämonenpaar, das alle Fehlgeburten verschlingt und sich dann verkörpert. Auf diese Weise werden »Adam und Eva« geboren.

Die gesamte Menschheit entsteht also aus der dämonischen Konkupiszenz und hält durch die ungezügelte Libido die Lichtseele in endloser Gefangenschaft, weil bei jedem Fortpflanzungsakt neue Materie entsteht und wiederum sowohl Licht wie Begierde in sie eingepflanzt werden.

Um diesen ewigen Kreislauf zu beenden, schickt Gott den »Sohn Gottes« als »Erlöser«, der den Adam erweckt und

»ihm das Bewusstsein vermittelt, wer er ist, nämlich Licht vom Lichte Gottes. Und als er das erkannte, wurde er wissend und stand auf … und die bereits befreiten Lichtpartikel halfen mit, die noch in den Pflanzen, Tieren und Menschen eingeschlossenen zu erwecken und letztendlich zu erlösen«. So lautet z. B. der Text des großen Mythos des Mani in der Fassung des Turfān-Fragmentes.

Dieses »Kommen der Lichtwesen in die Mischwelt« beschleunigt das Heraufkommen der *künftigen Zeit*, also das apokalyptische Finale mit dem »Großen Krieg« und dem »Weltgericht«. Wenn sich dann die Befreiten in den Himmel erheben, wird die Welt in Brand gesteckt und in einer Feuersbrunst ohnegleichen, die 1.468 Jahre dauert, gereinigt und dann »genichtet«.

Bei der Darlegung des allerletzten Aktes des Heilsgeschehens scheiden sich schließlich die Geister: Ein Teil der manichäischen Schulen lehren das eben dargelegte Einmünden der Dritten Zeit in die Ewigkeit des Nur-mehr-Guten. Die anderen sehen die unbelehrbaren Dämonen und die nicht befreiten Opfer als ewig Verdammte in einer Art Klumpen *(bôlos)* eingeschlossen und auf den Grund eines riesigen Grabens geworfen, der durch einen unüberwindlichen Felsblock versiegelt wird, so dass die beiden Substanzen zwar endgültig getrennt sind und das Licht gesiegt hat – aber die negative, finstere, materielle Substanz bestehen bleibt.

Zum Unterschied von allen anderen Religionen, Weisheitslehren und gnostischen Systemen wird Mani nicht müde, alle Details und Eventualitäten zu erklären. Er »umschweigt« nicht die tiefsten Geheimnisse des Unheils und Heils wie Buddha oder Jesus und Paulus oder Shankāra und wie sie alle heißen, sondern er geht den Gründen der Verfallenheit des Menschen an die Welt nach und legt wegen der Niederlage Gottes eine zutiefst pessimistische Sicht des Menschen vor. Zugleich ist aber der Mensch nirgendwo so sehr im Zentrum des kosmischen Dramas wie bei Mani, weil er Licht vom Lichte Gottes ist, also das ewige Schicksal Gottes mit dem Schicksal des Menschen – eigentlich nur mit dem Schicksal seiner **Seele** – unlösbar verquickt ist. Der Heilsplan Gottes ist bei Mani im Grunde der Plan zur Selbstrettung Gottes!

Die radikale Verfolgung, die der Manichäismus und jede Gnosis vom Christentum zu erdulden hatten, hängt wohl damit zusammen, dass Mani – in den ihm zuteil gewordenen Offenbarungen – tiefer in die Wahrheit der Heils- und Unheilszusammenhänge und damit näher zu der von Jesus im Johannesevangelium 16,11 angekündigten »Einführung in die ganze Wahrheit durch den Parakleten« vorgedrungen ist als die christliche Verkündigung der damaligen Zeit. Die Apologeten der alten Christenheit sahen dort Vermessenheit und Anmaßung, wo Mani und seine Nachfolger – vom »Geist der Wahrheit« geführt – die Zusammenhänge bereits besser erfasst hatten als sie. Dass sich Mani allerdings der mythologischen Traditionen bediente, um seine Erkenntnisse zu vermitteln, statt sich vom Geist Gottes zu neuen Ufern führen zu lassen, ist nichts anderes als ein Zeichen dafür, wie **gemischt** Licht und Finsternis, Wahrheit und Irrtum, Gut und Böse im Menschen sind. Jesus hatte auch das klar durchschaut, als er zu seinen engsten Vertrauten sagte: »Ich hätte euch noch so viel zu sagen, aber ihr könnt es jetzt noch nicht auffassen ...«

Entscheidender als die Darlegung des *Großen Mythos* und das Wissen um die Zusammenhänge waren für Mani die **Konsequenzen**, die der Mensch, der die Predigt hört, daraus zieht. Und darin offenbaren sich auch die Schwächen seiner scheinbar so logischen Erklärungen: Die totale Weltverneinung, Leibverachtung und Dämonisierung jeder Lust und der gesamten Materie sind zwar logisch gerechtfertigt, wenn man von der Prämisse des uranfänglichen Dualismus und der Notwendigkeit ausgeht, die fatale Mischung zu beenden und das göttliche Licht feinsäuberlich von jeder Materialität zu reinigen, aber sie schreiben dem Negativen mehr Macht zu, als es hat, wenn man es nicht als »immer schon vorhanden« annimmt und ihm damit Absolutheitscharakter zugesteht, sondern nach den Ursachen des Bösen angesichts des guten Gottes fragt und den Grund (wie bei Zarathustra, wie bei den Mandäern, wie bei Buddha, wie bei Mose, bei Jesus – bei Muhammad und bei vielen anderen Offenbarungen, die seither erfolgt sind) im Missbrauch der Möglichkeiten der Freiheit sieht.

So kann man es durchaus verstehen, dass der Manichäismus nicht nur von den Christen, den sassanidischen Magoi, den Juden und Moslems, sondern auch von anderen Gnostikern (z. B. den Mandäern) und nicht zuletzt von Philosophen – wenn auch aus anderen Gründen – bekämpft und abgelehnt wurde und wird. Es scheint aber heute die Zeit gekommen, sine ira et studio und ohne die eigene Position zu verabsolutieren, das Gute und das Schlechte daran festzustellen, nach den Gründen und Zusammenhängen zu forschen, alles zu prüfen und bereit zu sein, »das Gute zu behalten« und dadurch das eigene Bewusstsein zu bereichern.

Um Mani bildete sich schon zu Lebzeiten eine Gemeinschaft, die als »Brüderschaft der Geretteten« und als »Organisation und Instrument des Heils« (Henri-Charles Puech) bezeichnet wird. Die Manichäer nannten sich selbst »Erwählte«, »auserwählte Kirche« oder »Die Wahrhaftigen«. An der Spitze standen das »Oberhaupt der Kirche« (auch »Haupt« oder »König der Religion« genannt) in ununterbrochener Nachfolge des Mani, mit dem Sitz in Babylon (ab dem 10. Jh. in Samarkand) und zwölf »Apostel«. Diese bestellten 72 »Bischöfe« als Mitverantwortliche, diese wieder 360 »Priester« als Administratoren. Diese arbeiteten mit (zahlenmäßig nicht beschränkten) männlichen und weiblichen »Auserwählten« zusammen, um die »Hörerinnen und Hörer« zu betreuen. Es gibt – wie im Buddhismus oder Christentum – auch eine monastische Form des Manichäismus – bei der rigorosen Askese eine durchaus verständliche Gemeinschaftsbildung der besonders Konsequenten. Diese Mönche waren aber nicht sesshaft im Sinne einer Klausur. Diese gab es zwar auch, sie wurde aber als »strenge Geschlossenheit der fünf Sinne« spirituell verstanden – die Mönche müssen unermüdlich predigend durch die Lande ziehen, um an der Verwirklichung der »Erkenntnis« und der »Scheidung« zu arbeiten.

Über die Riten und den Kult, den die Manichäer begingen, sind wir kaum informiert, wissen aber, dass die Auserwählten verpflichtet sind, siebenmal am Tag bestimmte Gebete zu verrichten – die Hörer viermal. Begonnen wird mit einer Reinigung durch Wasser – der Sonne zugewandt – dann werden Hymnen gesungen oder rezitiert. Strikte Fastenvorschriften gehören ebenfalls zu jenen wichtigen Vorschriften, die strikte einzuhalten waren. Es gab ein »Sonntagsfasten« für alle, zusätzlich das »Montagsfasten« für die Auserwählten – darüber hinaus sieben Fasttage pro Monat und ein dreißigtägiges Fasten (tagsüber) vom 21. Dezember bis 19. Januar als Vorbereitung auf das größte Fest: das **Bēma** (= Richterstuhl Jesu bzw. des Mani); es dient dem Andenken an die Passion des Mani und an die jährliche Bilanz, wie man sich vor dem Richterstuhl bewährt hat.

## Der Parsismus

Die nicht sehr eigenständige Religion der alten **Indoiraner** fand in der Reformreligion des Zarathustra zu universeller Bedeutung: Der Mazdaismus war im Sassanidenreich vier Jahrhunderte lang Staatsreligion und hatte seit Dareios I. ebenso lange vorher schon den Glauben der Perser bestimmt; in den über viele Jahrhunderte hinweg weit verbreiteten Mysterien des Mithra waren wesentliche religiöse Elemente aus der altindoiranischen und persischen Religion auf der Basis des Hellenismus zu einer viele Völker bestimmenden Glaubensform gewachsen und im *Großen Mythos* des Persers Mani fand die weit verbreitete spezifische Religiosität des *Gnostizismus* ihre nachhaltigste Ausprägung.

So kann man feststellen, dass neben den **Indoariern**, deren religiösem Genius ganz entscheidend der Hinduismus und auch der Buddhismus – also zwei der fünf großen Weltreligionen – zu verdanken sind, auch die **Indoiraner** – als zweite der indoeuropäischen Sprachfamilie angehörenden Völkergruppen, – religiös überaus fruchtbar waren – und sind. Denn neben den bereits behandelten Religionssystemen, die nicht mehr lebendig sind, gehören noch zwei weitere, die von ihnen mitgeprägt worden sind, zum Bestand der gegenwärtigen Religionen der Menschheit: der **Parsismus** und die **Schiiten.**

Letztere sind bekanntlich eine Teilreligion des Islam, die in besonderer Weise bis heute von Iranern geprägt wurde und wird; auf ihren Glauben wird im Buch DER GLAUBE DER MUSLIME ausführlich eingegangen.

Der **Parsismus** dagegen ist der alte, in Persien heimische Mazdaismus oder Zoroastrismus, der unter dem Islam in Persien nicht geduldet wurde und daher nach Indien auswich, dort überlebte und heute eine zahlenmäßig zwar relativ kleine, aber doch sehr wichtige Religion darstellt.

Bereits ein Jahr nach dem Tod Muhammads (632 n. Chr.) fielen arabische Armeen in Persien ein, machten der Sassaniden-Herrschaft ein Ende und zwangen der Bevölkerung, die zum allergrößten Teil dem Mazdaismus bzw. Zoroastrismus angehörte, der unter den Sassaniden Staatsreligion war, den Islam auf. Obwohl sie anfangs – wie die Christen, die Juden und die Sabäer (womit Muhammad vielleicht die Mandäer, vielleicht aber auch Zoroastrier meinte) – zu den »Leuten des Buches« gezählt wurden, also zu offenbarungsgläubigen Monotheisten, gerieten sie bald unter großen Druck und konnten ihren Glauben nicht ausüben.

Viele wurden Muslime und schlossen sich überwiegend der Schia des (4.) Kalifen Ali an, einige zogen sich in einsame Wüstendörfer (z. B. in der Yazdi-Ebene) zurück, wo sie meinten, ihren Glauben unbehelligt leben zu können, andere retteten sich auf Schiffe (wie viele Jahrhunderte später in England die Pilgrim-Fathers) und wanderten aus.

Die aus dem Anfang des 17.Jh. stammende *Qissa-i Sanjan* (= Erzählung von Sanjan) berichtet von dieser abenteuerlichen Rettung einer bedrängten nordpersischen Anhängergruppe der alten Lehre des Zarathustra, die sich zu Beginn des 10. Jh. zur Küste durchschlug und schließlich auf dem Seeweg nach Indien kam. Sie versuchten es zuerst im Lande Sajat in Norwestindien, landeten aber schließlich im Lande Gujarat in Mittelindien und fanden dort eine neue Heimat und Duldung ihrer Religion, die in manchem mit dem Hinduismus verwandt war.

Aus dieser Zeit stammt auch ihr Name **Parsen** (= Perser) und die offizielle Bezeichnung ihrer Religion als **Parsismus**, der über die Jahrhunderte hinweg und durch die Kontakte mit dem Hinduismus und anderen religiösen Einflüssen sich über den alten Mazdaismus/Zoroastrismus hinaus entwickelt hat, wie wir gleich sehen werden.

Sie wurden zwar auch dort vom Islam eingeholt, als muslimische Heere 1297 in Gujarat einfielen und schließlich den Anschluss an das Moghul-Reich erzwangen. Die Unterdrückung war aber bei weitem nicht so arg wie seinerzeit in Persien, so dass sie mitsamt ihrer Religion überleben konnten.

Als die Engländer im 17. Jh. Bombay und die teilweise unbewohnten Inseln vor dieser Stadt zum Zentrum ihrer Handelsgesellschaft machten und die Parsen einluden, sich gegen die Zusicherung von Religionsfreiheit und Gleichheit vor dem Gesetz in Bombay anzusiedeln, entstand dort das Zentrum des Parsismus – zugleich wurde ihm die internationale Verbreitung ermöglicht, da viele Parsen geschäftliche Karrieren machten, sich auch politisch betätigten und bald zu angesehenen Bürgern wurden, die Kontakte nach England, aber auch nach Amerika und in andere Länder knüpften und so den Parsismus zu einer derzeit etwa 250.000 Personen umfassenden Religionsgemeinschaft machen konnten.

Allen Säkularisierungseinflüssen im 20. Jh. zum Trotz, welche z. B. die alte Awesta-Sprache ersetzen und viele alte Bräuche weglassen oder verändern wollten, folgen die meisten Parsen ohne kritisches Hinterfragen dem althergebrachten Glauben und verwirklichen ihn in ihrem Leben. Der Predigt des Zarathustra entsprechend, ist es von entscheidender Bedeutung, sich bewusst in das »Heer Gottes« einzugliedern. Deshalb wird die Einweihung und Einführung in die Pflichten der Religion *(Naujote)* heute gewöhnlich im Alter von neun Jahren vollzogen, wenn ein Kind imstande ist, zwischen Gut und Böse zu unterscheiden und sich für das Gute und gegen das Böse zu entscheiden. Das Anlegen des weißen Baumwollhemdes und das täglich fünfmalige Binden und Lösen der Schnur aus Schafswolle mit Gebetsformeln zur Erneuerung des festen Vorsatzes, in Gedanken, Worten und Werken gut zu sein, sind von da an Pflicht jedes jungen Parsi.

Für einen Anhänger der Lehre des Zarathustra ist der **Tod** ein vorübergehender Sieg des Bösen und ist mit starkem Einfluss von Dämonen verbunden. Deshalb legen sie großen Wert auf die genaue Einhaltung der Bestattungsvorschriften, da nur dadurch der Einfluss des Bösen in Grenzen gehalten werden kann. Die **Bestattung** erfolgt bereits am Todestag, nachdem der Leichnam gewaschen und in saubere (aber alte) Kleidung gehüllt wird, da Verschwendung für jeden Parsen Sünde ist. Der Leichnam wird dann von eigenen Trägern abgeholt und in den »Turm des Schweigens« *(Dakhma)* gebracht. Dieses etwas abseits liegende Gebäude ist rund, hat hohe Mauern und kein Dach, so dass Geier und Krähen ihr »Bestattungswerk« ungehindert verrichten können. Die Träger kleiden den Toten aus und legen ihn in den dafür vorgesehenen Bereich. Während einer halben Stunde beten die Angehörigen in einem nahe gelegenen Raum für den Verstorbenen.

Anschließend begeben sie sich nach Hause und vollziehen ein Reinigungszeremoniell und andere von Bestattungspriestern geleitete Riten – bei denen Texte aus dem Awesta rezitiert werden. Sie helfen der auf das Gericht wartenden Seele. Dann gibt jeder eine Summe bekannt, die er zum Andenken an den Verstorbenen für wohltätige Zwecke spenden will – dies steht für den in anderen Religionen üblichen Grabstein oder eine kostbare Votivtafel.

*Die Parsen bestatten ihre Toten im »Turm des Schweigens«.*

Nach drei Tagen werden die Überreste in einem gemauerten Loch deponiert. Feuer, Wasser und Erde gelten als heilig und dürfen durch einen Leichnam, der die Nähe des Bösen bedeutet, nicht verunreinigt werden. Diese Art der Bestattung ist aber nicht mehr überall obligatorisch.

Das **Feuer** ist dem Parsen das heiligste Element, weil es das lebende Bild und Symbol Gottes ist. Deswegen wurde von jeher das Hirtenfeuer oder das Herdfeuer für heilig gehalten und verehrt. Seit dem 4. Jh. v. Chr. gibt es eigene **Feuertempel**, in denen von Feuerpriestern das »ewige Feuer« gehütet wird. Die Priester tragen Mundschutz, und das Feuer kann von den Gläubigen nur durch geschlossene Fenster beobachtet werden, damit es nicht verunreinigt wird. Die Besucher des Tempels spenden Holz für den Unterhalt des Feuers.

Es gibt aber keinen eigenen Kult oder Gottesdienst, sondern jeder spricht in seinem Inneren stehend zu Gott und erneuert das feste Versprechen, das er anlässlich seiner »Naujote« (Einweihung) erstmals gegeben hat, in allem nach dem Guten, Lichten und Reinen zu streben und alles Schlechte, Dunkle und Unreine zu bekämpfen.

Trotz der Einfachheit in der Ausstattung und trotz der Kultlosigkeit vermitteln die Feuertempel einen tiefen Eindruck des Heiligen und Erhebenden. Alle Aufmerksamkeit konzentriert sich auf das Feuer. Es wird aber nicht angebetet, wie viele Übelwollende oder Unwissende meinen, wenn sie die Parsen als Feueranbeter disqualifizieren, sondern jeder Parse weiß um seine symbolische Bedeutung und um die reine Geistigkeit und Lichtnatur Gottes. Die Priester vollziehen darüber hinaus für die Gläubigen höhere Riten, an denen diese aber nicht teilnehmen.

Die Gläubigen werden anhand von katechismusartigen Schriften über die Inhalte der Lehre des Zarathustra belehrt – vor allem die geistige Verbindung mit den Amesha Spentas, den geistigen Ordnungshilfen, ermöglichten ein bewusstes Leben auf der Seite des Guten und die Vermeidung auch ungewollter übler Taten oder von Handlungen, die dem Bösen entgegenkommen. Die Priester werden in eigenen Schulen ausgebildet, lernen die ganze Tradition, die alte Awesta-Sprache, die Texte und ihre Anwendung in den verschiedenen Riten und Zeremonien.

# Der Glaube der Indoeuropäer

Für die Vor- und Frühgeschichte der *Indoarier* und *Indoiraner* sowie aller anderen *Indoeuropäer* bzw. *Indogermanen* (wie man bis vor einigen Jahrzehnten sagte), ja sogar für die Annahme, dass es sich bei so verschiedenartigen und vielfältigen Völkern um ein gemeinsames **indoeuropäisches Urvolk** gehandelt hat, das **vor dem 4. Jahrtausend v. Chr.** in einem ausgedehnten Bereich lebte, der Teile Osteuropas und Westasiens umfasste, sind wir weitgehend auf Rückschlüsse aus der auffälligen sprachlichen Verwandtschaft vieler geschichtlicher Völker auf eine gemeinsame **indoeuropäische Ursprache** angewiesen, die vor dem Begin der Wanderbewegung gesprochen wurde und sich durch den enormen Expansionsdrang und im Zuge der gewaltigen Wanderbewegungen und der damit verbundenen Aufteilung und Sonderentwicklung dieses Urvolks in Dutzende Völker und Sprachen entfaltet hat.

Wilhelm Havers unterscheidet 14 indogermanische Sprachen bzw. Sprachgruppen: 1. Indisch, 2. Iranisch a. Avestisch, b. Altpersisch, 3. Armenisch, 4. Griechisch, 5. Illyrisch (incl. Messapisch in Unteritalien), 6. Venetisch (Oberitalien), 7. Lateinisch, 8. Italisch a. Umbrisch, b. Oskisch, 9. Keltisch a. Altirisch, b. Cymrisch, 10. Germanisch a. Gotisch, b. Altnordisch, c. Angelsächsisch, d. Althochdeutsch, 11. Baltisch a. Litauisch, b. Lettisch, c. Altpreussisch, 12. Slawisch, 13. Hethitisch, 14. Tocharisch.

Der größte Teil Europas und weite Bereiche Asiens wurden von diesen Völkern besiedelt und kultiviert. Und sie haben auch wesentliche Beiträge zu einzelnen Weltreligionen geleistet. Uns interessieren zunächst die gemeinsamen religiösen Elemente, ehe wir überblicksweise die religiöse Differenzierung der indoeuropäischen Völker darstellen und aufzeigen, in welchen Bänden der Serie GRUNDWISSEN RELIGION darüber gehandelt wird.

## Charakteristik der ur-indoeuropäische Religion

Der Glaube an ein **höchstes gutes Wesen** sowie die überall geäußerte **Ehrfurcht und Verehrung**, die ihm als dem »Himmelsgott« und »Himmelvater« entgegengebracht wird, ist das

Hauptcharakteristikum der Religion des indoeuropäischen Ur-volkes.

Man sieht ihn als »Urhebergott«, »ethische Persönlichkeit« und konsequenterweise auch als »Richter« und »Rächer menschlichen Unrechts«, als »Allwissenden«, aber auch als »Helfer« und »Gnadenspender«.

Die **Macht und Kraft Gottes** ist für den Menschen in der Natur erkennbar und ist der Grund für seine Verehrung, die sich im lobpreisenden **Gebet** (Hymnus) ausdrückt.

Man sieht die Macht Gottes auch im **Schicksal** am Werk und entwickelt einen **Kult**, um sich gottgemäß zu verhalten, Unordnung auszugleichen, sich zu entschuldigen, um Hilfe und Kraft zu bitten, für empfangene Wohltaten zu danken und im **Opfer** eine Gegengabe als Äquivalent der Gottheit an-zubieten.

Voraussetzung für die Kontaktnahme mit der Gottheit ist eine gewisse kultische **Reinigung,** was zeigt, dass den Men-schen der Abstand zwischen dem himmlischen Gott und ihrer irdischen Lebenswelt bewusst war.

Personen, die sich in besonderer Weise mit dem Kontakt zu Gott befassten und die Führung bei Gebeten und Opfern inne hatten, nannte man »Opferer«, »Zauberer« und »Wahr-sager« – aber z. B. auch »Amphipolos« und »Theokolos«, was Funktionen in Richtung Priesterstand, Liturgieführer usw. be-zeichnete. Das in solchen Worten zum Ausdruck kommende Umschreiten bedeutet einerseits die Nachahmung des Umlaufs der Sonne und deutet auf einen ur-indoeuropäischen Sonnen-kult, andererseits die Umwandlung eines irdischen Bereichs, Gebäudes, Gegenstands in etwas Heiliges. Die umgekehrte Richtung (gegensonnen) hat eine abwehrende, bannende Be-deutung (z. B. wird im Totenkult der Leichnam von den Priestern gegen den Uhrzeigersinn umschritten).

In verschiedenen indogermanischen Sprachen und alten Zeugnissen gibt es auch feminine Formen dieser Bezeichnun-gen priesterlicher Funktionen, so dass damit auch **Priesterin-nen** nachgewiesen sind.

Ein weiterer Ausdruck des Glaubens der Ur-Indoeuropäer ist der **Totenkult**, in dessen Zusammenhang oft die ältesten Funde stehen und der deswegen als religiöses Phänomen anzusehen ist, weil die Verstorbenen als »zu Gott oder den seligen Vätern entrückt« verstanden und in diesem Sinne als sakrosankt angesehen und verehrt werden.

Es gibt weitere spezifische Hinweise – z. B. dass Eltern in Sprachen, die noch den Dual kannten, nicht dieser, sondern der Plural für das Elternpaar verwendet wird, was darauf verweist, dass man die ganze Ahnenreihe mit im Bewusstsein hat.

Die bei den Ur-Indogermanen nachgewiesenen **Menschen- opfer** anlässlich des Begräbnisses eines Herrschers (es gibt z. B. Hinweise bei Herodot, dass die Skythen ihrem toten König eine Konkubine, eine auserlesene Dienerschaft und berittenes Gefolge opferten) sind als **Jenseitssicherungen** zu verstehen: Der tote Herrscher soll sein Leben mit demselben Aufwand wie bisher weiterführen können und damit auf die Zukunft des Volkes positiv einwirken.

Es wurde schon bei den Priestern erwähnt, dass die Funktionen Wahrsagerei und Zauberei nachgewiesen sind, d. h. die **zauberische Handlung** unter Einsatz übersinnlicher, von der Gottheit erbetener Kräfte und das **zauberische Wort** unter Einsatz medialer Fähigkeiten von PriesterInnen, durch die sich Gott äußern (Sprechmedium) oder jedenfalls (in Form von Inspirationen, Orakelsprüchen, Auditionen, Visionen) seinen Willen kundtun kann.


## Die Völkerwanderungen der Indoeuropäer

Zu der Zeit, als die Hochkulturen in Ägypten, Mesopotamien, Indien und China sich aus den ursprünglichen Bauernkulturen im Bereich der fruchtbaren Flussniederungen entlang des Nil, im Zwischenstromland Euphrat/Tigris, sowie im fruchtbaren Industal und im großen Knie des Hoangho herausentwickelt hatten, strömten in den Bereich der Bauernkulturen in den Rand- und Zwischengebieten dieser Hochkulturen aus dem Norden – einerseits aus Osteuropa, andrerseits aus Zentralasien – indoeuropäische Hirtenvölker nach. Diese hatten sich dem Leben in den Trockenzonen angepasst, hatten Pferd, Esel und Kamel gezähmt, betrieben teilweise auch bereits Landwirtschaft, mussten aber für ihre stark wachsenden Herden den Jahreszeiten entsprechend in weit umliegenden Gegenden immer wieder neue Weiden suchen. Dabei stießen sie auf die in manchen Bereichen seit vielen Jahrtausenden sesshaften

Bauernkulturen und machten ihnen den Besitz des fruchtbaren Landes streitig.

Dies geschah z. B. in Anatolien durch die *Hethiter* und *Luwier*, *Churriter* und *Mitanni*, nördlich des Schwarzen Meers durch die *Skythen*, *Thraker*, *Kimmerier*, *Sarmaten*, *Geten* und *Armenier*, zwischen Schwarzem Meer und Kaspischem Meer durch indoiranische Völker wie die *Meder*, *Parther (Perser)* oder *Baktrier*, im südlichen Zentralasien durch die *Indoarier*, im äußersten Osten dieses Gebiets (Chinesisch-Turkmenistan) durch die *Tocharer* – und in Europa, wo es noch keine Hochkulturen, aber sehr wohl sesshafte Bauernkulturen gab, und wo die eindringenden indogermanischen Völker schnell sesshaft wurden, im Osten durch die *Balten* und *Slawen*, im Norden und Nordwesten durch die *Germanen*, im Westen durch die *Kelten* und im Süden durch die *Italiker*, *Latiner*, *Illyrer* und *Griechen*.

Diese Wanderungen und Landnahmen geschahen kontinuierlich ab dem 3. Jahrtausend, in manchen Gebieten zeitlich stark versetzt und in einzelnen Wellen, die noch weit in das zweite nachchristliche Jahrtausend herein andauerten.

Auf die spezifischen Religionen jedes dieser Völker, die sich teilweise noch in viele verschiedene Nationen mit teilweiser höchst eigenständiger kultureller Entwicklung weiter entfalteten, kann in unserem Zusammenhang nicht eingegangen werden.

Über die Indoarier wird im Band DER GLAUBE DER HINDUS berichtet. Über die Religion der **Indoiraner, Hethiter** und **Luwier** ist im vorliegenden Band (s. oben) nachzulesen. Über die Religion der **Griechen** und **Lateiner** wird im Band DER GLAUBE DER ALTEN GRIECHEN UND RÖMER berichtet. Über die Hebräer, Kanaanäer, Aramäer und andere relevante Völker handelt das Buch DER GLAUBE DER JUDEN. Über die Religion der Germanen ist der Band der GLAUBE DER GERMANEN geplant.

# DER GLAUBE DER ALTAMERIKANER

Im Zeitraum zwischen etwa 35.000 und 20.000 Jahren vor unserer Zeitrechnung ist der Doppelkontinent Amerika von Sibirien her besiedelt worden, als die Beringstraße wegen der damals herrschenden letzten Eiszeit und des dadurch verursachten niedrigeren Meeresspiegels eine Landbrücke zwischen Asien und Amerika bildete. Proto-mongolische Jäger- und Sammler-Stämme kamen auf diesem Weg nach Westalaska, stießen aber hier auf den riesigen Wisconsin-Eispanzer, der damals noch mehr als die Hälfte Nordamerikas bedeckte. Als sich um 12.000 der eisfreie Kanadische Korridor nach Süden bildete, stießen die aus Sibirien stammenden und mittlerweile im eisfreien Teil Alaskas heimisch gewordenen Jäger in die weiten, wildreichen Ebenen Nordamerikas vor.

Riesige Bisonherden, wilde Kamele, Elche, Bodenfaultiere, Moschusochsen, biberähnliche Tiere (*casteroides*), löwengroße Wildkatzen, Wildpferde, Mastodons und Mammuts sind in dieser Zeit durch Knochenfunde nachgewiesen. Durch einen noch nicht geklärten *Overkill* gab es im 7. Jahrtausend v. Chr. ein großes Tiersterben, wodurch die Jäger gezwungen waren, allmählich zu einer sesshaften Lebensweise überzugehen. So beschritten auch sie den jungsteinzeitlichen Weg der Ackerbauern und Viehzüchter.

Wellen einwandernder Mongolen-Völker drängten auch nach Mittel- und Südamerika. Um etwa 10.500 v. Chr. dürfte bereits die Südspitze des Kontinents erreicht worden sein. Wann die Menschen dann in den einzelnen Gebieten sesshaft wurden, sich von Ackerbau und Viehzucht nähren konnten und sich zu Stammesfürstentümern und in einzelnen Bereichen bis zur städtischen Kultur weiter entwickelt haben, ist noch nicht restlos erforscht. Diese Entwicklung geschah jedenfalls ohne Einfluss von außen.

*La Venta (Südostmexiko), Opferaltar der Olmeken, aus einem Monolithen geschnitten; in einer als Rachen einer Jaguar-Gottheit gestalteten Nische sitzt ein gekrönter Mensch (12. Jh. v. Chr.).*

Etwa **1800 v. Chr.** ist mit ziemlicher Sicherheit mit dem Aufkommen der **olmekischen Kultur** in den feuchten Niederungen des südlichen Vera Cruz und des westlichen Tabasco in der Nähe der Golfküste erstmals die Entwicklungsgrenze zur »Hochkultur« erreicht. Ab **1200 v. Chr.** wird in Teilen Mittelamerikas – im südlichen Mexiko, in Guatemala, Belize und in Teilen von El Salvador und Honduras die Grenze zwischen Stammesfürstentum und Stadtkultur überschritten – ebenso im Andenhochland Südamerikas. Es war in diesen beiden Bereichen in ökologischer, kultureller und gesellschaftlicher Hinsicht ein Entwicklungsniveau erreicht worden, das die Entwicklung von Kultzentren erlaubte, die sich mit denen der Hochkulturen in Ägypten und Asien messen konnten. Wir werden uns mit der Religion der drei wichtigsten Kulturvölker – mit den Mayas, Azteken und Inkas – aber auch mit ihrigen jeweiligen Vorläufern befassen.

# Der Glaube der Mayas und ihrer Vorläufer in Mittelamerika

Die älteste der großen amerikanischen Kulturen – die Maya-Kultur – geht auf die **Olmeken** zurück, die in den feuchten, sumpfigen Niederungen der Golfküste lebten und deshalb später *Leute aus dem Kautschukland* genannt wurden. Überreste ihrer Zeremonialbauten sind in **San Lorenzo, La Venta** und **Tres Zapotes** sowie in **Cerro de las Mesas** ausgegraben worden.

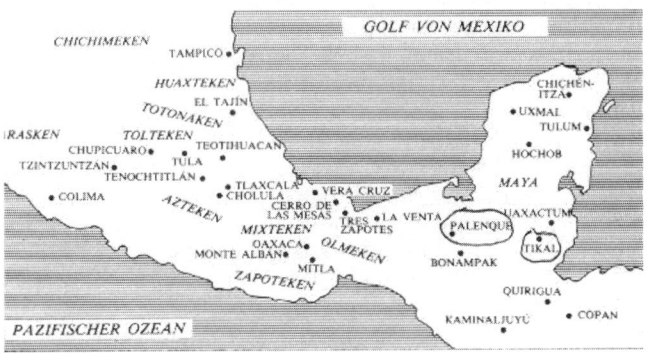

*Hochkultur der Maya und Azteken.*

Um das Jahr 1200 v. Chr. gab es in **San Lorenzo** (südwestlich von La Venta) ein voll ausgebautes Zeremonialzentrum auf einer 50 m hohen mit Erde aufgeschütteten Plattform, auf der eine zentrale Pyramide aus Erde und Ton und mehr als 200 Wälle erbaut wurden, die der Nord-Süd-Achse folgten. Noch eindrucksvoller sind zwölf steinerne Kolossalhäupter mit negroid-mongolischen Gesichtszügen, mehr als 1 m hoch, die aus den 70 km entfernten Tuxla-Bergen gebrochen und hierher geschafft wurden. Dieses Sakralzentrum beeinflusste stark das etwas jüngere, aber noch bedeutendere zweite Zentrum der Olmeken-Kultur.

Dieser Kultbezirk von **La Venta** wurde um 1150 v. Chr. auf einer sumpfigen kleinen Insel des Flusses Tonala, 29 km von der Golfküste entfernt erbaut. Herz der Anlage war eine kegelförmige Pyramide mit geriffelter Oberfläche, Basis 130 × 70 m, Höhe 33 m. Sie ist eine der größten Pyramiden Amerikas. Mit ihren zehn verschiedenen, alternierenden Erhebungen und Vertiefungen ähnelt sie einem Vulkan. Vor dem Großen Grabhügel lag ein Hof, der von anderen, länglichen Tumuli umgeben war; es gab noch einige andere Zeremonialplätze mit Erhebungen, auf denen Säulen mit eindrucksvollen Darstellungen einer Jaguargottheit standen. An einer Seite wird der Zeremonialplatz von zwei 85 Meter langen geböschten Mauern gesäumt, zwischen denen ein Ballspielplatz lag. An dessen einem Ende fand man Opferaltäre, weitere Grabstätten und einige der typischen olmekischen Kolossalköpfe aus Stein – zwischen 20 und 50 Tonnen Gewicht, in einer Gegend, wo der nächste Steinbruch, aus dem sie gebrochen worden sein könnten, etwas 120 Kilometer weit entfernt liegt! Zwei weitere kleinere Pyramiden und ein zweiter, mit Basaltsäulen umstellter rechteckiger Platz und einige Gebäude aus luftgetrockneten Ziegeln, deren Verwendung unklar ist, komplettieren diese Kultanlage mitten im Dschungel. Da in der näheren Umgebung keinerlei Funde menschlicher Behausungen gemacht wurden, diente dieses Zentrum vielleicht mehreren Dörfern der Region als Kultort.

Diese älteste bekannt gewordene Kultanlage Amerikas verfügt mit **Pyramide** und **Ballspielplatz** über die beiden typischen Bauwerke, die in allen bedeutsamen Fundstätten auftauchen. Hier fanden sakrale Wettkämpfe statt, die von Priestern geleitet wurden, die ihren Platz im Tempel auf der Pyramide hatten. Die Regeln des Ballspiels, zu dem man wahrscheinlich etwa eineinhalb Kilogramm schwere Vollgummikugeln verwendete und das von zwei Mannschaften bestritten wurden, die Tag und Nacht symbolisierten und den Ball nur mit der Hüfte oder den Knien berühren durften, sind nicht genau bekannt, folgten aber wohl dem Lauf der Sonne und symbolisierten den Untergang und Aufgang des Muttergestirns.

Die **Olmeken** waren offensichtlich auch die amerikanischen Erfinder einer frühen **Schrift,** denn aus dem 7. Jh. v. Chr. stammen die aufgefundenen Hieroglypen, die Zahlenzeichen und Kalenderdaten darstellen. Es gelang, diesen Olmeken-Kalender zu deuten: Er beruht auf komplizierten astronomischen Berechnung, die später von den Mayas übernommen und weiterentwickelt wurde, und reicht bis in das Jahr 3000 v. Chr. zurück.

Die Gesichtszüge der Steinköpfe, aber auch aus Jade geschnittene oder aus Ton geformte menschliche Figuren zeigen platte Nasen, wulstige Lippen, und teilweise Schlitzaugen. Es gibt aber auch fettleibige Basaltfiguren mit »Baby-face-« oder mit Jaguargesichtern. Ein Opferaltar in La Venta weist reliefartige Verzierungen auf der Vorderseite auf, die das Gesicht eines **Jaguar** mit weit aufgerissenem Maul erkennen lassen. In dem Maul – einer aus dem Monolithen heraus gemeißelten Nische – sitzt eine menschliche Figur mit einer Art Krone auf dem Kopf.

Der Jaguar dürfte bei den Olmeken kultisch verehrt worden sein. Es ist aber unklar, ob es sich um totemistische Vorstellungen der Verwandtschaft der Menschen mit einem Jaguar-Tiergott handelt oder um die Verehrung des gefährlichsten Raubtiers des Dschungels, dem man übernatürliche Kräfte zuschrieb. Man fand z. B. auch einen großen Steinkäfig aus Basaltpfeilern, der zum Einfangen eines Jaguars benützt worden sein könnte.

Im weiter westlich gelegenen **Tres Zapotes** – das wahrscheinlich die bereits 400 v. Chr. teilweise zerstörte Kultstätte La Venta abgelöst hatte – dominierte nicht mehr der Jaguargott auf den Skulpturen, sondern eine andere Gottheit, die vielleicht als **Regengott** gedeutet werden kann. Man fand hier eine Plattform aus Erde mit senkrechten Wänden und eine Stele, die das älteste Datum des späteren Maya-Kalenders aufweist: 31 v. Chr. Weitere Funde, welche die Archäologen mit der Tres Zapotes-Kultur in Zusammenhang bringen, wurden in *Chiapa de Corzo* (eine Tempelanlage, bei der große Kalksteinblöcke verwendet wurden) und in *Kaminaljuyú* gemacht: ein riesiges Ruinenfeld mit etwa 200 Plattformen und vielen Pyramiden, die auf eine hochentwickelte Planung und Organisation in der Nachfolge der La-Venta-Kultur schließen lassen. In den Pyramiden fand man Grabstätten mit reichen Beigaben (Ritualgegenstände, Kleidung und Schmuck) sowie Hinweise auf Menschenopfer. Aus den Funden schließt man auf drei Stände: Priester(-könige) – Bauern und Handwerker – Sklaven (dienender Stand).

Im am weitesten westlich gelegenen **Cerro de las Mesas** fand man neben anderen typisch olmekischen Zeremonialbauten ein weiteres wichtiges religiöses Grundmodell, das sogenannte **Bestattungslager:** Nicht weniger als 782 Gegenstände aus Jade großteils olmekischer Herkunft wurden dort gefunden, was auf den Brauch verweist, Ritualgegenstände aus anderen Kulturen und Kultorten im eigenen Zeremonialbezirk zu sammeln und damit eine weit vernetzte Verbundenheit (?) zu symbolisieren.

Im Tiefland Guatemalas, in **Izapa,** in der Provinz Chiapas, fand man vor kurzem eine Verbindung der Olmeken mit den Mayas durch etwa 75 pyramidenförmige Grabhügel und eine große Zahl von Stelen mit Rundaltären, die Schildkröten ähneln. Darin äußerte sich wohl das Bewusstsein der gläubigen Menschen, an der mythischen Sakralgeschichte Anteil zu haben. An den Stelen sind Zitate aus dem Maya-Mythos in der Ausdrucksform der Olmeken dargestellt, was Hinweise auf den Ursprung der Maya-Kultur bieten könnte.

Um die Zeitenwende zeigte sich jedenfalls bereits eine voll ausgebildete Kultur mit Tempelpyramiden, großen Gebäuden, reich ausgestatteten Grabkammern und vielen anderen Indizien, die auf eine differenzierte Gesellschaftsordnung und ein Miteinander Zehntausender Menschen (z. B. bei der Beschaffung des Felsmaterials, beim Bau und bei der künstlerischen Ausgestaltung der Anlagen) schließen lassen. Gegenüber der klassischen Maya-Kultur fehlte nur mehr die Schrift und die Dominanz der Steinmonumente.

Südlich der genannten Orte, eher schon gegen den Pazifik zu, fand man auf dem 2.000 m hohen **Monte Albán** einen 700 × 400 m großen Kultplatz, der zum Teil bereits auf 650 v. Chr. datiert wird und an dessen Ausgestaltung man Jahrhunderte gearbeitet haben muss. Um eine so große Anlage auf diesem Berg errichten zu können, musste man den Berggipfel planieren, Stützmauern errichten und Terrassen anlegen, ehe man die Gebäude, Pyramiden, Tempel, das »Observatorium« (mit seinem eigenwilligen Grundriss, der an einen Schiffsbug erinnert und sich nicht an die ansonsten genau nord-südlich ausgerichteten, senkrecht aufeinander treffenden Baulinien hält), den sogenannten »Danzantes«-Komplex (mit großen Flachreliefskulpturen, die Tanzende darstellen und wahrscheinlich das älteste Artefakt des gesamten Komplexes auf dem »Weißen Berg« darstellen) sowie einen Ballspielplatz und die fast 200 aufgefundenen Grabmäler anlegen konnte.

*Kultzentrum der Zapoteken auf dem Monte Alban.*

Die Blütezeit dieses von den **Zapoteken** gestalteten Zentrums, das aber auch olmekische Elemente enthält und durch seine monumentalen Treppen und Paneelfassaden an die »Götterstadt« *Teotihuacán* (40 km nördlich von Mexiko-City im mexikanischen Hochland) erinnert, dürfte zwischen 500 und 700 n. Chr. gelegen haben. Bis auf zwei ständig wiederkehrende Zeichen, die vielleicht Namen symbolisieren, gibt es in dieser »in archäologischer Sicht vielleicht reichsten Anlage im ganzen alten Mexiko« (Henri Stierlin) keinerlei Schriftfunde. Manche der vielen Gräber sind unwahrscheinlich kostbar ausgestattet – z. B. mit Produkten erlesener Goldschmiedekunst – und verweisen (z. B. das 1931 von Caso entdeckte Grab Nr. 7) auf einen **mixtekischen** Herrscher, der hier und nicht in der Hauptstadt *Mitla* beigesetzt wurde, und zwar in einem Grab, in dem vorher schon ein Zapotekenprinz bestattet war. Dies lässt vielleicht darauf schließen, dass Monte Albán über die ursprünglichen Stammesgrenzen hinaus als gemeinsames religiöses Heiligtum Zentralmexikos angesehen wurde.

Typisch für die Zapotekenkultur sind die mit Stuck überzogenen und bemalten Wände und Dächer der Grabmäler und die großen Bildurnen in Menschengestalt, die aus einzelnen Keramikteilen kunstvoll zusammengesetzt wurden. Diese Gestalten stellen offensichtlich Gottheiten dar und erlauben eine Rekonstruktion des **Zapotekischen Pantheons:** 30 männliche und sieben weibliche Gottheiten lassen sich unterscheiden. Der Hauptgott scheint ein *Regengott* gewesen zu sein, die anderen lassen sich in ihren Funktionen nicht mehr bestimmen, obwohl man teilweise ihre kalendarischen Namen als Glyphen (Bildzeichen) gefunden, sie aber bisher nicht zu entziffern vermocht hat. Das zapotekische Kalendersystem basierte wahrscheinlich auf der in Mittelamerika allgemein üblichen 260-tägigen Jahreseinteilung.

Bis etwa 900 n. Chr. war der Monte Albán der Mittelpunkt der Kultur der Zapoteken, ehe diese von den Mixteken nach Süden abgedrängt wurden und erloschen sind.

## Die Tiefland-Maya-Kultur in Guatemala

Im heute fast unbewohnten tropischen Regenwaldgebiet im nördlichen Guatemala, in Honduras und in Teilen der mexikanischen Staaten Chiapas und Tabasco existierte die am längsten bestehende und von allen altamerikanischen Hochkulturen sich am kontinuierlichsten entwickelnde; sie war allerdings bereits mehrere hundert Jahre, bevor im 16. Jh. n. Chr. Cortez und Pizarro die blühenden Reiche der Azteken bzw. Inkas zerstörten, untergegangen.

Ihren Ursprung nahm sie um 1000 v. Chr. im südlichen Waldgebiet von **Petén** – mit den Hauptfundorten *Tikal, Uaxactun, Copan, Yaxchilan* und *Palenque* – sie war also nur wenig jünger als die Olmeken-Kultur von La Venta und erlebte ihre Blütezeit zwischen 200 v. Chr. und 700 n. Chr. Dann verlagerte sich ihr Zentrum nach Norden, auf die Halbinsel Yucatán, mit den Zentren *Uxmal, Kabah, Labná, Sayil* und vor allem *Chichén-Itzá*, wo dann vom späten 10. bis zum Ende des 12. Jh. die eindringenden **Tolteken** die Maya-Kultur überlagerten bzw. ihr zu einer Renaissance verhalfen, ehe die Kultur der Maya abbrach und ihre Zentren vom Urwald verschlungen wurden.

Erst der amerikanische Forscher *Stephens* und sein Zeichner *Catherwood* entrissen 1840 diese bedeutendste vorkolumbianische Kultur Amerikas dem Vergessen. In mühsamer Kleinarbeit wurden die verlassenen, meist nur von der Natur beschädigten Bauwerke freigelegt, behutsam restauriert und wissenschaftlich erfasst. Noch immer hat die Maya-Kultur aber ihre vielen Rätsel nicht ganz freigegeben.

Der gigantische Gebäudekomplex von **Tikal** wurde 1877 vom Schweizer Forscher Gustav *Bernoulli* entdeckt:. Die Hauptlast der Restaurierungsarbeiten trugen aber die Archäologen der University of Pennsylvania. Auf dem Areal einer modernen 40.000-Einwohner-Stadt bietet Tikal einen weiträumigen Zeremonialbezirk mit vier zwischen 30 und 70 m hohen stufenförmigen Pyramiden, die mit einer Steinbekrönung (*cresteria*) versehene Tempel tragen und das Blätterdach des Dschungels deutlich überragen. Diese Pyramiden haben steile Stufen (bis zu 60 Prozent Steigung), die vom Erdboden bis zur obersten Plattform führen. Die Steingewölbe der Tempel und Grabkammern sind den strohgedeckten Maya-Holzhütten nachempfunden, wobei entweder die Kragsteintechnik angewendet wird oder feine Kalksteine als Schalung geschichtet und mit einer Mörtel- oder Betonmasse ausgefüllt werden, die sich als durchaus tragfähig erwiesen hat.

Die gesamte Anlage in Tikal – auch die außerhalb des Kultbezirks liegenden Bereiche – ist streng durchorganisiert, rechtwinklig gegliedert und orientiert sich an der Nord-Süd-Richtung. Wenn man bedenkt, dass die Mayas über keine Trag- oder Zugtiere verfügten, bedeutet die Anlage einer solchen Stadt eine gewaltige Arbeitsleistung.

Tikal war wahrscheinlich bis 500 n. Chr. hauptsächlich ein religiöses Zentrum – die berühmte »Rote Säule« wurde auf 290 v. Chr. datiert – und wurde erst zu diesem Zeitpunkt auch als Metropole ausgebaut, was neben den Datierungen der Archäologen für viele Paläste auch große Zisternen und künstliche Bewässerungsanlagen für eine große Menschenmenge bestätigen. Steinerne Stelen schmücken die Plätze. Sie tragen Daten oder Hieroglyphen eingeritzt, auch Bilder von reich geschmückten Würdenträgern mit – gegenüber den Olmeken-Skulpturen – eher schmalen Gesichtern, die oft eine auffällige Adlernase aufweisen. Die Amtstracht ist mit großer Genauigkeit ausgeführt und üppig verziert wie der Dschungel rund um die Stadt.

Man kennt neben Tikal heute über 130 Kultzentren, die zum Kulturkreis der Mayas gezählt werden. Sie bilden jeweils den Kern von Herrschaftsbereichen oder Distrikten, in denen die Menschen wohl in kleinen Dörfern lebten. Es gab aber nur ganz wenige Orte, die neben Tikal als Städte bezeichnet werden können.

Einer dieser Orte ist **Palenque** , westlich von Tikal in der mexikanischen Provinz Chiapa gelegen. Der mexikanische Archäologe *Albertu Ruz Lhuillier* fand hier 1952 die berühmte Totengruft im »Tempel der Inschriften«. In geduldiger Arbeit beseitigte der Forscher Gesteinsmassen, die eine gewölbte, von der Tempelplattform im Inneren des Tempels 22 Meter abwärts führende Treppe völlig blockierten. Man vermutet, dass sie die Erbauer der Anlage nach der Begräbniszeremonie im Jahre 692 zugeschüttet hatten, um den Zugang zu verbergen.

Es war spannend wie beim Fund des Grabs von Tutanchamun in Ägypten, als Alberto Ruz schließlich vor einem schweren Steintor in Dreiecksform stand und es ihm gelang, diese Türe in ihren Angeln zu drehen und in eine gewölbte Gruft einzutreten, die 1300 Jahre niemand mehr betreten hatte. Der kleine Raum war fast zur Gänze von einer etwa 2 × 4 m großen skulptierten Steinplatte ausgefüllt, die den kosmischen Mayabaum zeigt und einen Toten auf dem Weg in die Unterwelt. Die Platte wiegt 8 Tonnen und entpuppte sich als Deckel eines riesigen Sarkophags, der die Überreste des Maya-Priesterkönigs *Pacal* enthielt. Der Tote trug eine Mosaikmaske aus Jade, mit Perlmutteraugen und Obsidian-Pupillen, und rund um ihn waren zahlreiche Jadeschmuckstücke drapiert – für die Mayas viel kostbarer als Gold – sowie die Skelette von sechs Menschen, die offensichtlich ihrem König als Grabwächter in den Tod folgen mussten. Eine schmale tönerne Rohrleitung, die vom Grab bis zum Tempelboden hinaufführte, war nach der Versiegelung des Grabs die einzige Möglichkeit zur Kommunikation.

Dieser Fund bot einen tiefen Einblick in das Weltbild der Mayas: Das Zentrum war die Weltachse in Gestalt eines phantastischen Baumes, in dessen Schutz sich die ordnungsgemäße Übergabe der Herrschergewalt von Pacal auf seinen Sohn *Chan Balum* vollzog. Dieses Geschehen beginnt auf dem Sarkophagdeckel, der die drei Ebenen des Kosmos symbolisiert: Auf der Krone des Baumes symbolisiert ein juwelenverziertes Schlangen-Maul den Himmel; die Schlangen auf den Zweigen des Baumes bedeuten die Erde; verwurzelt ist der Baum im Riesenrachen der Schlange der Unterwelt. Pacal ist im Zentrum des Baumes dargestellt, wie er in die Unterwelt hinabfällt. Die Fortsetzung der Geschichte findet sich auf den Kalksteinpaneelen der drei Tempelheiligtümer, die als Orientierungszentren so gebaut wurden, dass man die Sonnenstrahlen an den Sonnwendtagen einfangen konnte: zur Wintersonnenwende am späten Nachmittag im Kreuztempel, zur Morgenzeit im Sonnentempel und am Spätnachmittag des 21. Juni im Blätterkreuztempel. Die Sonne steht unter dem Baum, im Gleichgewicht schwebend zwischen Tag und Nacht, Leben und Tod. Diese Bildsymbolik wird in zweispaltigen Glyphentexten aufgeschlüsselt, die sich in den zentralen Paneelen befinden und links die mythologischen Ereignisse, rechts die historischen Tatsachen mitteilen.

*Die 1952 unter dem »Tempel der Inschriften« in Palenque entdeckte 4 m lange Sargdeckelplatte über dem Grab des Priesterkönigs Pacal mit herrlichen Stuckreliefs aus dem 7. Jh. n. Chr.*

Eine weitere Attraktion von Palenque ist ein riesiger Palast mit einem dreigeschossigen quadratischen Turm, von dem aus vielleicht astronomische Beobachtungen erfolgten, lange, gewölbte Galerien zwischen Repräsentations- und Wohnräumen; im Inneren der Anlage ein großer Hof. Man vermutet, dass dies die Residenz des Priester-Königs war, der von hier aus seinen Distrikt regierte. Leider wurde der Religionsbezirk von Palenque nach den großen Entdeckungen von neugierigen Schatzsuchern durch Versuche, den Dschungel durch Brandrodungen zu beseitigen, derart beschädigt, dass unersetzliche Stuckreliefs an Wänden und Decken der Paläste und Tempel zerstört wurden, als die Gewölbe, vom Feuer durchglüht, einstürzten.

Die vielen Zentren des Maya-Reiches (in **Copan**, südöstlich von Tikal, ist der große Hof des Zentrums 237 × 168 m groß!) standen untereinander in Verbindung, so dass man mit Recht von einer Hochkultur sprechen kann, obwohl man kaum Namen der Könige kennt und nur ganz wenig von ihrer Politik, vom Alltag und von der Entwicklung weiß, die schließlich zum Zusammenbruch der Maya-Tiefland-Kultur geführt hat.

Die **Religion** spielte im Leben der Mayas offensichtlich eine große Rolle. Sie waren Polytheisten und vergöttlichten die Naturgewalten, die meist in menschlicher Gestalt, gelegentlich mit Tierköpfen, dargestellt wurden. Wie die Naturgewalten (Sonne, Regen oder Wind) für den Menschen wohltätig *und* verderbenbringend sein können, so dachte man sich auch diese Gottheiten mit einer doppelten Natur – ein Dualismus (gute und böse Gottheiten) ist hingegen nicht festzustellen. Jeder Mensch hat einen **Nágual** (= Schutzgeist in Tiergestalt), der ihn begleitet (wer es ist, hängt vom Tag der Geburt ab); man hält deshalb den Tag der Geburt geheim, weil man sonst Macht über diesen Schutzgeist gewinnen könnte, indem man z. B. seine Abbilder (z. B. ein Gürteltier) quält, um seinem Schützling zu schaden. Die Schutztiere eines Paares sollten zusammenpassen, aber nicht ident sein – was vor einer Eheschließung genau geprüft wurde.

Wie in vielen anderen polytheistischen Religionen entstand das Pantheon dadurch, dass einzelne Stämme ihre speziellen Schutzgottheiten oder Idole bei den Wanderungen den anderen kundtaten und in die Gestaltung der zentralen Kultorte einbrachten, indem ihnen Tempel gebaut wurden. Die **zentrale Priesterschaft** ordnete die Gottheiten hierarchisch, organisierte den Kult, stellte die Bezüge zu den astronomischen Gegebenheiten und Konstellationen her, lud zu Festen ein und leitete die Zeremonien.

Obwohl wir über konkrete Götternamen und -mythen aus den schon genannten Gründen nicht gut informiert sind, dürfte es einen Erschaffer und Erhalter der Welt mit dem Namen **Hunabku** gegeben haben, der die Züge eines Hochgottes trägt: Er ist unsichtbar und unkörperlich, deshalb gibt es auch keine Bilder von ihm und auch seine kultische Verehrung tritt kaum in Erscheinung.

*Der sagenhafte Toltekenheld Quetzalcoatl, der auch von den Mayas und Azteken als Gott des Lernens und der Priesterschaft verehrt wurde.*

Im **Popol Vuh** (= Buch des Rates), dem Heiligen Buch der Quiché-Mayas in Yucatán, verschmelzen *Gukumatz* und *Hunrankan* (s. unten!). Der »Herr des Wissens« (**Itzamna**) ist aber die Hauptgottheit der Mayas, um die sich alles dreht: Er ist Hochgott (mit Hunabku gleichgesetzt), Sonnengott (»Herr des Ostens und Westens«) und zugleich Kulturheros (der Begründer der gesamten Maya-Kultur). Eine sehr bedeutende Rolle spielten auch **Kukulkan** (auch: **Gukumatz**), der *Quetzalkoatl* der Mayas. Sein Name bedeutet – wie in der Sprache der Azteken – **Federschlange.** Er war der Kultheros und Stammesgott von *Mayapan.* Er war von Osten her über das Meer gekommen und verschwand wieder dorthin; und seine Wiederkehr wurde erwartet. Seine Maske wurde gelegentlich von Herrschern oder Hohenpriestern getragen. Er stand den Regen- und Windgöttern nahe und wurde deshalb auch manchmal mit dem Regen- und Wettergott **Chac** identifiziert, der mit langer Nase und Raffzähnen dargestellt wird, über Regen, Donner und Blitz gebietet und damit auch ein Agrar-Gott ist. In dieser Eigenschaft ist er zusammen mit **Ah Bolom Tzacab** tätig, der auch »Gott mit der Blattnase« genannt wird und oft auf Kultgeräten oder Monumenten dargestellt wird.

Dabei hat er auch mit **Ixchel**, der Gattin des Itzamna und Göttin der Erde, der Geburten, des Mondes und des Regenbogens zu tun. Daneben gab es Erdbebengötter und eine Göttin der weiblichen Fruchtbarkeit und verschiedene Sternengötter. Ein solcher war ursprünglich auch **Hunrankan** (auch: **Huracán**), ehemals Herr des Großen Wagens, später Donner- und Blitzgott, »Herr des Himmels« und Fruchtbarkeitsgott – ein Pendant des aztekischen *Tezcatlipoca* – freilich ohne dessen Bezug zum Krieg. Kriegsgötter spielten bei den Mayas praktisch keine Rolle.

Das vorhin schon genannte **Popol Vuh** ist keine »Heilige Schrift«, sondern ist die Aufzeichnung der alten Überlieferungen der Quiché-Mayas, die ursprünglich in Tula in Mexiko wohnten und von dort, als die Azteken die Herren im Hochland von Mexiko wurden, zusammen mit anderen Stämmen nach Yucatán auswichen und dort die letzte Blüte der Maya-Hochkultur mitgestalteten – und auch ihren Untergang erlebten. Einzelne erlebten auch noch die Zeit des Fernando Cortez und seinen berüchtigten Befehl »Acabar con el alma del Indio!« (= die Seele des Indios auslöschen!), demzufolge die Spanier in ganz Amerika die Kulturträger ausrotteten, also die Fürstenhäuser und die Priesterschaft, die Tempel zerstörten, die Götterbilder zerschlugen und die Schriften verbrannten. Es gab viele, die Schriften versteckten und noch mehr, die die alten Überlieferungen auswendig wussten.

Eines Tages zu Beginn des 18. Jh. legten Abkömmlinge der alten Maya einem katholischen Priester, dem Dominikaner *Francisco Ximénez*, der 1688 in die Neue Welt kam, um die Indios zu bekehren, der vom Wesen der Indianer und ihrer alten Kultur fasziniert war und dem sie vertrauten, ihre »Maya-Bibel« vor. Ximénez durfte den Text kopieren, und er übersetzte ihn ins Spanische, dann gab er das Original zurück. Seine zweispaltige handgeschriebene Kopie umfasst 56 Seiten. Sie ist erhalten und die Basis einer deutschen Übersetzung des Popol Vuh von *Wolfgang Cordan*. Es folgt eine kurze Leseprobe – zuerst aus dem »Vorspruch des indianischen Erzählers«, dann der Beginn des ersten Teils (»Schöpfung und Heldenleben«):

*Hier beginnt die alte Kunde von Quiché, wie es genannt wird. Hier werden wir sie aufschreiben: den Anfang und*

*Ursprung von allem, was in der Stadt Quiché, was im Stamme Quiché geschah. Hier werden wir enthüllen, erklären und berichten, was verborgen war: die Offenbarung von Tzakól und Bitól ... von denen, die Jagendes Opossum und Jagender Coyote genannt werden ... Von Tepëu und Gucumatz ... Und die Erzählung vom Paar, das sich Alte Ahnin, Alter Ahne nannte ... Alles erzählten sie in klarer Überlieferung, in klarer Kunde. Wir aber schreiben dies schon unter dem Wort Gottes, schon im Christentum lebend. Wir heben es ans Licht, denn das Popol Vuh ward unsichtbar, das Buch, das vom Licht jenseits des Meeres erzählt und vom Leben im Licht, wie man sagt ...*

*Das ist die Kunde: Das war das ruhende All. Kein Hauch. Kein Laut. Reglos und schweigend die Welt. Und des Himmels Raum war leer. Dies ist die erste Kunde, das erste Wort. Noch war kein Mensch da, kein Tier. Vögel, Fische, Schalentiere, Bäume, Steine, Höhlen, Schluchten gab es nicht. Kein Gras. Kein Wald. Nur der Himmel war da.*

*Noch war der Erde Antlitz nicht enthüllt. Nur das sanfte Meer war da und des Himmels weiter Raum.*

*Noch war nichts verbunden. Nichts gab Laut; nichts bewegte, nichts erschütterte, nichts brach des Himmels Schweigen. Noch gab es nichts Aufrechtes. Nur die ruhenden Wasser ...*

*Unbeweglich und stumm war die Nacht, die Finsternis. Aber im Wasser, umflossen vom Licht, waren diese: Tzakól, der Schöpfer; Biról, der Former; der Sieger Tepëu und die Grünfederschlange Gucumátz; Alóm auch und Caholóm, die Erzeuger. Unter grünen und blauen Federn waren sie verborgen, darum sagt man Grünfederschlange. Große Weisheit und große Kunde ist ihre Wesen. Darum gab es den Himmel und des Himmels Herz, dessen Name ist Cabavil, Der-im-Dunkeln-sieht. So wird berichtet.*

*In Dunkelheit und Nacht kamen Tepëu und Gucumátz zusammen und sprachen miteinander ... und sie erkannten, während sie überlegten, dass mit dem Licht der Mensch erscheinen müsse. So beschlossen sie die Schöpfung und den Wuchs der Bäume und Schlingpflanzen, den Beginn des Lebens und die Erschaffung des Menschen. So wurde ent-*

*schieden in Nacht und Finsternis vom Herzen des Himmels, Huracán genannt.*

Im Mittelpunkt der religiösen Vorstellungen der Mayas stand eine Zeitphilosophie, die in einem ausgeklügelten Kalendersystem ihren Ausdruck fand. Den Mond-, Venus- und Ritualkalender der Mayas konnte man schon weitgehend entschlüsseln, während für andere Bereiche einfach die Funde fehlen, da ja zu der Zeit, als die Europäer kamen und der Azteken- und Inka-Kultur eine Ende bereiteten, aber deren Struktur und Geschichte aufzeichneten, die Maya-Kultur bereits ein halbes Jahrtausend erloschen war und die wenigen Überlebenden kaum mehr Erinnerungen daran bewahren konnten.

Die Maya glaubten, in der 5. Schöpfung zu leben, d. h. bereits 4 »Weltuntergänge« hinter sich zu haben, und sie fürchteten sich vor kosmischen Ereignissen wie Sonnenfinsternissen und bestimmten Astralkonstellationen. Im »Buch des Rates = Popol Vuh« werden diese vier Weltzeitalter geschildert (1: Weltalter des Schwarzen Herrn; 2: Weltalter der Jünglinge und Männer usw.). An den Feiertagen strömten die Menschen in die Tempelbezirke und bereiteten sich in den Männer- bzw. Frauenhäusern mit Fasten- und Reinigungsübungen auf die Zeremonien vor, von denen wir aber kaum etwas wissen.

Dazu gehörten fallweise auch Menschenopfer und das kosmisch-magische **Ballspiel**, das um die Mitte des 1. Jahrtausends n. Chr. von der Golfküste her importiert wurde. Es ist ein Spiel »oben« gegen »unten«, Licht gegen Dunkelheit; der Ball symbolisiert dabei den Flug der Gestirne, und es geht darum, ob es dem Sonnengott Hunahpú gelingt, aus dem Xibalbá (= Unterwelt), wo er sich die Nacht über befindet, zu entkommen. Die Geister der Finsternis wollen ihn daran hindern. Rote Lendentücher aus Leder trägt die Mannschaft »Ost«, schwarze die Mannschaft »West«. Das Spielfeld *(tlachti)* lag zwischen zwei mehr als 2 m hohen Mauern und war doppelt so lang als breit – Mauern und Boden waren eingekalkt. In der Mitte des Spielfelds war ein Trennungsstrich. In der Mitte jeder Mauer waren zwei ausgehöhlte Steine eingefügt, durch deren Löcher der Ball geschossen werden musste. Der Ball wurde mit den Hüften gestoßen.

Um das Jahr 900 gab es eine unbekannte Katastrophe, die viele Mayas veranlasste, das Tiefland von Guatemala zu verlassen und ins nördliche Yucatán zu ziehen, wo bereits seit dem 7. Jh. n. Chr. mehrere blühende Maya-Zentren entstanden waren.

*Der Ballspielplatz von Chichén-Itzá mit dem Tempel des Kukulkan, von dem aus die Priester das sakrale Spiel verfolgten und deuteten.*

Die nachklassische Maya-Kultur in Yucatán

Im nördlichen Yucatán begann im 8. und 9. Jh. n. Chr. in **Uxmal** die nachklassische Periode der Maya-Kultur, wobei aber sicher auch hier schon Vorläufer die Wege geebnet hatten, um die imposanten Steinbauwerke zu errichten, die dort besser als im feuchten Urwaldklima Guatemalas die Jahrhunderte überdauerten.

Die Hochkultur Mittelamerikas kannte weder Zug- noch Tragtiere, keine Wagen, Kräne oder dergleichen, und die Arbeiter und Künstler verfügten nur über Steinwerkzeuge.

Angesichts des stolzen Gouverneurspalastes von Uxmal mit seiner 100 m langen Front (die durchgängig von einem etwa 5 Meter hohen Bandgesims mit einem Relief-Mosaikfries geschmückt ist), einer Tiefe von 12 und einer Höhe von 9 Metern, auf einer 13 Meter hohen Plattform angelegt, die eine Fläche von 180 × 154 m einnimmt und sich auf einem riesigen, künstlich angelegten freien Platz erhebt, wird deutlich, welch hoch entwickelte Organisation dahinter gestanden sein muss, welche riesige Zahl von Arbeitern und/oder Sklaven nötig waren, um diese Bauten zu errichten, und über welche Macht die Herren dieser Kommune verfügten, um solche Bauten zustande zu bringen.

*Die eindrucksvolle Fassade des Gouverneurspalastes in Uxmal aus dem 8./9. Jh. n. Chr. mit dem eindrucksvollen Relief-Mosaikfries.*

Die Motive des riesigen Relief-Mosaikfrieses, das eine Fläche von beinahe 700 qm bedeckt, sind überwiegend geometrischer Natur, dazwischen gibt es aber stilisierte Göttermasken, die in langen Wellenlinien angeordnet sind und wohl den Regengott Chac sowie den Himmelsgott Itzamná darstellen. Es handelt sich übrigens um frühe Beispiele einer Massenherstellung – allerdings ohne Maschinen, sondern jeder einzelne Teil der insgesamt 150 Regengott-Masken besteht aus einzelnen Teilen, die mosaikartig zusammengefügt wurden; allein für die Chac-Masken sind das 10.000 Einzelteile! Und sie sind sehr präzise gearbeitet, denn sie bilden die Verblendung und Steinverschalung für die aus »Beton« bestehende Baumasse der Wand, die von dem Fries bedeckt ist.

Im sogenannten »Nonnenviereck« (ursprünglich wohl ein Baukomplex, der aus Priesterwohnungen bestand und ebenfalls reich dekoriert ist) wurde das jüngste Datum des Maya-Kalenders entdeckt: das Jahr 909 nach christlicher Zeitrechnung.

Paläste dieser Art gibt es auch außerhalb von Uxmal, z. B. in **Xlapak, Labná** oder **Kabáh**. Besonders eindrucksvoll aber ist die im Nordwesten Yucatáns gelegene Hauptstadt der

Quiché-Maya **Chichén-Itzá**. Diese Stadt war allerdings schon vorher unter dem Namen *Uucilabnal* etwa im 7. Jh. erbaut worden, wurde dann von den aus Tula im mexikanischen Hochland stammenden Quiché-Maya ausgebaut und später von den ebenfalls aus dieser Gegend vertriebenen und hier gelandeten **Tolteken** (= Itzá) zu einer letzten Blüte geführt – die auch in **Mayapán** sichtbar wird.

Da jede Maya-Stadt über eine eigenständige Ästhetik verfügte, kann daraus geschlossen werden, dass es keine Zentralregierung gab, sondern einen losen Bund von autonomen Stadtstaaten. Ein Höhepunkt der Maya-Architektur war sicherlich das sogenannte »Observatorium« in Chichén-Itzá mit seinem zylindrischen Turm von 12 m Durchmesser. Er besteht aus zwei konzentrischen Kreiszylindern und einem kreisrunden Innenraum. Die beiden ringförmigen Räume sind gewölbt. Eine Wendeltreppe im zylindrischen Innenraum führt zum oberen Raum, der 24 Meter über dem Erdboden liegt und mit Mauerschlitzen versehen ist. Wegen der Wendeltreppe wird das Gebäude auch **Caracol** (= Schnecke) genannt. Bei Restaurierungsarbeiten zwischen 1923 und 1943 wurde nachgewiesen, dass es sich um ein astronomisches Observatorium handelt, weil die Schlitze so platziert sind, dass sie die Bestimmung des Sonnenaufgangspunktes am 21. März und damit die genaue Bestimmung der geographischen Himmelsrichtungen, aber z. B. auch die Mondpositionen am 21. März, angeben.

Die **Maya-Schrift** ist gut dokumentiert. Von den zwischen 800 und 1000 hieroglyphischen Symbolen sind aber erst 200 identifiziert – und diese stellen Zahlen, Zähl-Nummern von Gottheiten und Tage dar. Wir können damit den Kalender lesen, die astronomischen und chronologischen Angaben verstehen und das hochentwickelte mathematische Vigesimalsystem rekonstruieren. Sie orientierten sich an den Zahlen ihrer Hand: 1 = Punkt (= Spur eines Fingers im Sand), 5 = Strich (= Spur der Handkante im Sand); 6 = Punkt auf Strich, 12 = 2 Punkte auf 2 Strichen usw. Durch die Erfindung der Null (= stilisierte Muschel) – die selbst die Griechen und Römer nicht kannten – war es ihnen möglich, auch mit Riesenzahlen zu rechnen. Der Maya-Kalender gründet auf dem Sonnenjahr (365 Tage = 18 Monate zu 20 Tagen plus 5), dem heiligen Jahr (260) und dem Venusjahr (584 Tage = 5 Umläufe der Venus in 8 Erdjahren). Die Zeitrechnung der Maya beginnt übrigens im Jahr 3113 vor unserer Zeitrechnung – was zeigt, wie sehr die archäologischen Zeugnisse hinter der Wirklichkeit her sind.

Die Synthese der Quiché- und Itzá-Kultur brachte eine eigenständige Ästhetik hervor, die eher düster wirkt und wohl die Veränderungen im Denken und Glauben der Mayas spiegelt. Die Tolteken brachten den Brauch des häufigen Menschenopfers durch das Herausreißen des Herzens mit – der vorher bei den Mayas zwar belegt ist (z. B. in Bonampak), aber nur selten praktiziert wurde. Der Gesamtplan des Tempels der Krieger in Chichén-Itzá gleicht völlig der Pyramide des Tlahuizcalpantecuhti (= Gott des Morgensterns) in Tula: die gleichen Eingangskolonnaden und Schlangensäulen, die gleichen Friese mit schreitenden Jaguaren und Adlern, die gleiche monumentale Treppe, die gleiche Stufenpyramide – nur das typische Maya-Gewölbe ist hinzugefügt. Was das bedeutet, zeigt die 1.300 qm große »Tausendsäulenhalle« mit offener Fassade am Fuß des Tempels: Der größte Maya-Saal (im Gouverneurspalast von Uxmal) war nur 80 qm groß.

Die Krieger vom Jaguar- und Adler-Orden und die durch die Zuwanderung zweier Völker zahlreich gewordene Bevölkerung schufen Raum für Massenveranstaltungen! Die großartigste Pyramide in Chichén-Itzá ist aber »El Castillo« aus dem 10./11. Jh. Seitenlänge 55 m, quadratisch, Höhe 30 m, neunstufig, mit 4 axialen Treppen, die vom Boden bis zur obersten Plattform reichen und jeweils 91 Stufen haben – mit der Stufe zum Tempeleingang oben auf der Plattform sind das genau 365 – eine für jeden Tag des Jahres!

Die größte Überraschung bedeutete aber der Fund eines Tempels unter dem Tempel. Völlig eingebettet in die Baumasse der Pyramide fand man ein Heiligtum des Regengottes Chac-Mool (auf dem Rücken liegend, sich auf die Ellbogen stützend, auf dem Bauch eine Opferschale haltend), hinter sich den Thron des roten Jaguar, mit Jade-Inkrustierungen geschmückt, die das gefleckte Fell imitieren.

Der Drei-Städte-Bund Uxmal / Chichén -Itzá / Mayapán zerfiel 1198 – vielleicht unter dem Ansturm revoltierender Bauern, die rücksichtslos in die Arbeitsfron ihrer Priesterherren gezwungen worden waren? Einige Sätze vom Ende des 2. Teils (Geschichte eines Volkes am Ende des Popol Vuh) könnten so verstanden werden:

*So bildeten sich die vierundzwanzig Herrschaftstitel und die vierundzwanzig regierenden Häuser heraus. So wuchs Größe und Macht der Quichés ... Die Quichés aber waren stolz auf die Ausbreitung ihrer Macht. Tempel errichteten sie und Adelspaläste. Aber sie legten nicht selbst Hand an, sie leisteten keine Arbeit, sie bauten weder ihre Paläste noch ihre Tempel selbst, vielmehr überließen sie dies ihrer zahlreichen Gefolgschaft. Sie brauchten nicht zu bitten, nicht zu rauben, nicht Gewalt anzuwenden, denn ein jeder war aufrichtig bereit, seinem Herrn zu dienen ... Aus heißem Herzen in der Brust baten sie um Glück für ihres Volkes Söhne und ihr Land. Ihr Antlitz erhoben sie zum Himmel. So flehten sie ihren Gott an, so war der Ruf ihrer Herzen: »O du schönes Licht! Du Herz des Himmels, Herz der Erde. Du Spender des Überflusses! Du Spender von Söhnen und Töchtern! Spende uns von deiner Macht, deinem Reichtum! ... Mögen sie wahrlich eifrig dienen vor deinem Mund, deinem Antlitz! Du Herz des Himmels, Herz der Erde, du Verborgene Kraft, du Tohil, Avilix, Hacavitz im Himmel und auf Erden, an den vier Ecken, an den vier Seiten der Welt! Dass Friede und Eintracht herrsche auf der Welt vor deinem Angesicht. O Gott!«*

*So sprachen die Fürsten, während die neun, die dreizehn, die siebzehn Männer mit ihnen fasteten. Den Tag über fasteten sie. Das war der Preis für ein glückliches Leben, für Macht und Ansehen ...!*

Dann folgen kommentarlos die Königslisten der Quiché-Stämme, und ohne nähere Erklärung folgen die letzten Worte des indianischen Erzählers, der das Popol Vuh, wie zu Beginn erklärt, erst lange nach der Zwangschristianisierung aufgeschrieben hatte:

*Hiermit schließt denn das Leben in Quiché. Es gibt nichts mehr zu sehen. Die alte Weisheit der Könige ist dahin. So ist nun alles zu Ende in Quiché, Santa Cruz genannt!*

# Der Glaube der Azteken und ihrer Vorläufer in Mexiko

Wie bei den Mayas, so ist auch bei den **Azteken** eine lange Vorlaufszeit festzustellen, die offensichtlich nötig war, um die erstaunlichen Stadtkulturen und die Hochkultur des Aztekenreichs – das in seiner Blütezeit größer als Frankreich war! – zu ermöglichen. Anders als bei den Mayas war dies jedoch nicht die Entwicklungsgeschichte eines bestimmten, wenn auch aus vielen Stämmen bestehenden Volkes, sondern die Entwicklung einer ganzen Region – nämlich der Menschen, die auf dem Hochplateau der Meza Central und an der westlichen Küste des Golfs von Mexiko lebten.

Bei der Darlegung der Vorläufer der Maya-Kultur sind wir zuerst auf die **Olmeken** gestoßen, das wahrscheinlich älteste Kulturvolk Mexikos und Mittelamerikas, das ab dem 13. Jh. v. Chr. das dörfliche und stammesbezogene Kulturniveau überstieg und ein gehobenes, klassisches Milieu erreichte. *San Lorenzo, La Venta, Tres Zapotes* und *Cerro de las Mesas* an der südlichen Golfküste waren die Zentren, in denen sie die ersten Pyramiden errichtet, die ersten Megalithstelen aufgestellt, die ersten Kolossalskulpturen gemeißelt haben. In *Monte Albán* – dem großen Kulturzentrum der **Zapoteken** – sahen wir die Schnittstelle mit der östlich davon sich in den zwei Jahrtausenden vor und nach unserer Zeitrechnung ausbreitenden *Maya*-Kultur. Die freilich auch nach Zentralmexiko reichte, wo die **Quiché-Mayas** (und die *Tolteken*) von kriegerischen Nomaden, »die aus dem Norden kamen«, aus ihrem Siedlungsbereich um das Zentrum *Tula* vertrieben wurden und in das Maya-Tiefland in Guatemala bzw. nach Yucatán zogen. Sowohl die Quiché-Mayas wie die **Tolteken** hatten enge Beziehungen zum großen Kult- und Kulturzentrum von **Teotihuacán**, das über viele Jahrhunderte hinweg die präkolumbianischen Hochland-Kulturen Mexikos beeinflusste.

## Die Götterstadt Teotihuacán

Diese lag nur 48 km nördlich von der späteren Azteken-Hauptstadt *Tenochtitlan* (= Mexiko-City) in 2.300 m Höhe

*Die »Götterstadt« Teotihuacán, 2.300 m hoch gelegen, im Vordergrund Reste der Zitadelle, links die renovierte Mond-, rechts die gewaltige Sonnenpyramide, im Hintergrund die bis 5.000 m hohe Vulkankette.*

am Fuße der 5.000 m hohen Vulkankette, deren bekanntester der Popocatépetl ist. Die Anfänge der Stadt gehen in das 5. Jh. v. Chr. zurück, doch schon im 2. Jh. v. Chr. entwickelte es sich vom einfachen, urban geprägten Kultzentrum zu einem beherrschenden Stadtstaat, der die anderen mittelamerikanischen Kulturen entscheidend beeinflusst hat.

In ihrer Blütezeit lebten dort bis zu 200.000 Menschen, und der Kultbezirk von 5 qkm war eine eigene Stadt in der eine Fläche von mehr als 30 qkm einnehmenden Großstadt. Als die **Azteken** im 13. Jh. in das Hochtal von Teotihuacán einwanderten und sich im unteren Teil bei den beiden großen Seen festsetzten, lag die Stadt aber längst in Trümmern und war seit Jahrhunderten verlassen. Nur die großen Pyramiden und Paläste waren sichtbar, und die Azteken hielten sie für eine Gründung der Götter, weshalb sie die Ruinenstadt »Wohnsitz der Götter« nannten.

Der Ursprung der Stadt war eine Höhle bzw. die dort befindliche Quelle. Direkt unter der **Sonnenpyramide,** die mit einer Höhe von 63 m, ihren Seitenlinien 225 × 223 m, einer

Grundfläche von 50.000 qm und einem Bauvolumen von 1 Million Kubikmetern die größte amerikanische Pyramide ist, liegen die Reste eines alten Heiligtums, das vermutlich ein vielbesuchtes Pilgerziel war. Ein 103 m langer natürlicher Tunnel, der durch unterirdische (vulkanische) Aktivitäten entstanden war, führte in Kammern, die in Blumenform angeordnet waren und noch bis etwa 450 n. Chr. als Kultraum benützt wurden. Der Tunnel wurde überdacht und verputzt, in dreißig Abschnitte unterteilt und endete in der Höhle mit der Quelle. Man fand dort auch eine wunderschöne Skulptur des Regengottes Chac-Mool.

Die Stadtglyphe Teotihuacáns im Codex Xolotl besteht aus zwei Pyramiden über einer Höhle, woraus man die Bedeutung sowohl des alten wie der beiden neuen Heiligtümer ersehen kann. Höhlen wurden als Gefäße wirksamer Kräfte betrachtet, an denen Priester und Pilger für alle Zeiten teilhaben können. In der gesamten alten Geschichte Mexikos werden Höhlen als heilige Orte verehrt, denn dort erfolgte die Erschaffung der Götter, der Menschen und der Himmelskörper. Höhlen sind der Ort für die Verbindung mit der Unterwelt und geeignet, den Menschen in die spirituellen Bereiche zu führen, in denen die Begegnung mit dem Übernatürlichen möglich wird ... Es gibt einen Text, der die Höhle von Teotihuacán als Geburtsstätte des Mondes bezeichnet ... Der spezifisch religiöse Charakter der Höhle kann von ihrer Kreuzblütenform abgeleitet werden. Diese Entsprechung der vier Himmelrichtungen zeigt sich auch in der Ausrichtung und Gestaltung der Pyramide und der gesamten Stadt – »die Höhle als imago mundi und die Stadt darüber als das irdische Duplikat«. (David Carrasco)

Die Sonnenpyramide ist genau auf den Horizontpunkt des Sonnenuntergangs am Tag der Sommersonnenwende ausgerichtet, so dass man von der großen Treppe aus den Sonnenuntergangspunkt am 21. Juni vor Augen hat. Und die große Ost-West-Straße, die senkrecht zur »Straße der Toten« verläuft, markiert genau den Punkt, an dem das Sternzeichen der Plejaden (die in der mittelamerikanischen Religion große Bedeutung haben) in der Blütezeit der Stadt unterging.

Die meisten wichtigen Ritualgebäude liegen an der 2 km langen »Straße der Toten« (die allerdings nichts mit Bestattung zu tun hat), und die verläuft genau in der Achse des Hochtals. Die **Mondpyramide** steht an ihrem nördlichen Anfang und wurde offenbar nach der Form des dahinter stehenden Berges geformt. Sie misst 150 × 140 m, hat eine Grundfläche von 20.000 qm , eine Höhe von 42 Metern, und ihr Volumen beträgt ca. 300.000 Kubikmeter.

Dieser Zeremonialbezirk wurde also genau geplant, und man spricht von der »Teotihuacanischen Achse«, nach der auch viele andere Kultzentren angelegt sind. Dies wirft Licht auf eine Felszeichnung, die man »Kreuzring-Petroglyphe« nennt, weil sie aus zwei konzentrischen Kreisen über zwei rechtwinklig angeordneten Achsen besteht. Alle Linien bestehen aus Punkten, die wie Schnabelhiebe in den Fels eingemeißelt sind; es wirkt wie eine Art Schablone für die Planung von Stadtzentren.

Teotihuacan ist selbst ein Beispiel dafür, denn man fand auf einer gedachten Linie vom Zentrum der Sonnenpyramide zwei Ringe, die man auf Bergkuppen von 6 bzw. 8 km Entfernung westlich der Stadt entdeckte. Wenn man oben auf der Pyramide steht, geht die Sonne am 21. März und 22. September genau auf dieser Linie unter.

Der Einfluss Teotihuacáns war aber auch ideologischer Natur. Es ist nachgewiesen, dass man die religiöse Ikonographie von hier aus neu ordnete und vereinheitlichte und dass diese religiös zentrierte Ordnung sich auf die Entwicklung von sechs Hauptkultformen auswirkte, die man rituell beging: Fruchtbarkeit, Kriegsführung, Ballspiel, Herrschertum, Bestattungen, Titularpatrone.

Teotihuacan war offensichtlich auch der Ursprung des in ganz Mittelamerika verbreiteten Kults der Federschlange-Gottheit. Eindrucksvoll zeigt diese Dominanz der **Tempel des Quetzalcoatl:** Er stand nahe dem Achsenzentrum der Stadt, wurde von der sogenannten **Zitadelle** (einer riesigen Umwallung mit 400 m Seitenlänge) umgeben und ist in Form einer Pyramidenskulptur gestaltet, wobei ein einziger massiver Fries alle vier Seiten und sechs Pyramidenstufen ziert, wobei der stilisierte Schlangenkörper als wellenförmiges Band alles verbindet und abwechselnd von überdimensionierten Köpfen des Quetzalcoatl unterbrochen wird (mit weit geöffnetem Rachen, in denen riesige gebogene Zähne aufragen, darüber große

Augen aus Obsidian), wobei das Gesicht einen seltsam verschmitzt lächelnden Ausdruck zeigt.

Die Stadt wirkt auf die zahlreichen Besucher heute düster, weil das Baumaterial vielfach aus dunklen Basaltsteinen besteht. Diese waren aber in der Blütezeit außen bemalt und innen vielfach mit Fresken bedeckt. 450 n. Chr. und dann noch einmal im Jahre 650 wurde die Stadt verwüstet und dann verlassen. Teotihuacán war aber »die erste Stadt in Zentralmexiko, in der eine voll integrierte, wohlhabende und in Harmonie lebende Gesellschaft unter der Führung übernatürlicher Kräfte und kosmo-magischer Vorstellungen existierte ... und erstmals direkt mit dem Gott Quetzalcoatl in Zusammenhang gebracht wurde«. (D. Carrasco)

Die Zerstörer von Teotihuacan waren vielleicht **Mixteken,** die auf der großartigen Kultur der Götterstadt aufbauten und eine Bilderschrift sowie die »Faltbücher« entwickelten, die von den späteren Kulturen übernommen wurden und daher den Beginn der geschichtlichen Periode Mexikos einleiteten. Im *Codex Vindobonensis* (1520 nach Europa gebracht und in Wien aufbewahrt) findet sich die mixtekische Kosmo- und Theogonie. Zentren der Mixteken waren **Mitla** und **Yagul.** Die beiden alten Städte zeigen eine gewisse Verbindung zur Maya-Kultur in Uxmal, wobei die weißen Fassaden mit interessanten Licht-Schatten-Effekten und die riesigen Säulenhallen Meisterleistungen der Architektur darstellen. Yagul war schon Jahrhunderte vorher bewohnt und hielt sich auch bis in die Zeit der Conquistatoren.

Es könnte aber auch sein, dass die **Totonaken** bei ihrem ebenfalls von Norden her erfolgenden Eindringen in das mexikanische Hochland etwas mit der Zerstörung Teotihuacáns zu tun hatten. Wir finden sie jedenfalls später in **El Tajin** an der Golfküste, wo sie die schon lange bestehende Stadt zur kulturellen Hochblüte brachten. Die Stadt enthält über hundert Grabhügel – teilweise im Flachland, teilweise auf einer Akropolis hoch über den ersten Hügeln gelegen, die die Ebene an der Meeresküste säumen. Diese Tumuli waren wie die ganze altmexikanische Stadt bis 1780 vom Urwald überwuchert, ehe die sogenannte **Nischenpyramide** entdeckt wurde. Sie besteht aus sieben übereinander liegenden Stufen und erreicht eine Höhe von 25 Metern. Die quadratische Grundfläche hat eine

Seitenlänge von 35 Metern. Die Pyramide enthält genau 365 Nischen, die aber keine Statuen enthielten, wie die Wissenschaftler anfangs glaubten, sondern durch den Wechsel von Licht und Schatten eine starke plastische Wirkung erzielen und die Tage des Sonnenjahrs symbolisieren sollten. Auf ihrem Höhepunkt umfasste die Stadt mehr als 10 qkm und verfügte über nicht weniger als sechs Ballspielplätze.

Einer enthielt ein riesiges Flachrelief mit einer Menschenopferungsszene. Dies wird als Hinweis darauf gesehen, dass das Ballspiel etwas mit den Menschenopfern zu tun hatte, die vor allem in Tenochtitlan zu einer wahren Blutorgie entarteten. Auch die in der Golfregion um El Tajín vielfach aufgefundenen lächelnden Gesichter auf Keramikfiguren haben wohl etwas mit diesen Opfern zu tun. Archäologen meinen, dass sie die Wirkung einer Droge ausdrücken, die den »Blumenopfern« (Gefangene der sogenannten »Blumenkriege«) vor ihrer Opferung eingeflößt wurden. In einer späten Blütezeit im 10. Jh. n. Chr. gibt es auch Spuren toltekischen Einflusses: Wahrscheinlich hielt sich der toltekische Volksstamm der **Itzá**, die nach der Vertreibung Quetzalcoatls aus Tula zusammen mit den Quiché-Mayas nach Yucatán wanderten, eine Zeitlang in El Tajín auf.

## Das Königreich Tollan (Tula)

Im 9. Jh. n. Chr. wurde das Königreich Tula Nachfolger Teotihuacáns. Zahlreiche Erzählquellen vor und nach der Conquistatoren-Zeit berichten vom sagenhaften König **Topiltzin Quetzalcoatl**, der diese sagenhafte Stadt regierte. Selbst im Popol Vuh der Quiché-Maya ist diese Tradition aufgenommen, weil diese ja ursprünglich im Hochland von Mexiko lebten und sich erst aus Anlass des Sturzes von Quetzalcoatl nach Guatemala und Yucatán in Sicherheit gebracht hatten. Erzählt werden sieben Stationen seines Lebens: (1) die wunderbare Geburt des Prinzen, (2) seine Erziehung, (3) sein Aufstieg zum König, (4) die Errichtung des Königreichs von Tollan, (5) seine Gefangennahme durch Tezcatlipoca, (6) seine Flucht aus Tollan nach Osten und (7) sein Versprechen, irgendwann zurückzukehren.

Typisch für die Kultur von Tollan ist, dass mehrere mexikanische Kulturen den Beginn ihrer geschichtlichen Zeit mit

Tollan in Beziehung bringen und mit dem Auftauchen dieses eher kleinen und politisch unbedeutenden Königreichs ihre kosmogonischen Mythen enden lassen. Typisch ist auch, dass der fünfte von insgesamt zehn Königen Tollans, König **Topitzin Quetzalcoatl**, als der menschliche Repräsentant des Schöpfergottes gleichen Namens angesehen wurde.

Die Erbauer und Bewohner des aus zwanzig Ansiedlungen rund um Tollan bestehenden Königreichs waren die **Tolteken**, die dort »wunderbare Gebäude und Kunstwerke hervorbrachten. Die auf den Feldern riesige Maiskolben und große Kürbisse züchteten und prächtige Baumwolle ernteten. Sie wurden die größten Künstler, Juweliere, Bergleute und Kunsthandwerker; außerdem verstanden sie es, die Bahnen der Sterne zu lesen und zu deuten, erfanden den Kalender und kannten die Bedeutung der Träume.« (D. Carrasco)

In diese heile Welt brach der »Zauberer« **Tezcatlipoca** (= Rauchender Spiegel) ein, der gegen den König opponierte, weil dieser keine Menschenopfer darbrachte, und ihm eine Falle stellte, die Quetzalcoatl den Thron kostete. Der König verließ darauf mit ein paar Getreuen Tollan, begab sich zur Küste und entzog sich auf einem Schlangenfloß seinen Verfolgern. Die einzelnen Quellen geben sowohl verschiedene Gründe seines Falls (von Trunksucht bis Inzest) als auch einen unterschiedlichen Schluss der Geschichte an (Flucht übers Meer oder Selbstverbrennung und Verwandlung in den Abend- und Morgenstern – mit nachfolgender Verehrung als Tlahuizcalpantecuhti, der Gottheit des Planeten Venus). Einige Quellen enthalten die für das Schicksal des Aztekenreichs schicksalhafte Zusage Quetzalcoatls, eines Tages wiederzukehren und sein Königreich von neuem zu errichten.

Dieser Mythos der Tolteken, die zum Unterschied von den Mixteken und Totonaken der **Nahua**-Sprachgruppe angehörten, ist die Grundlage für die Legitimation einiger Könige der zeitlich auf Tollan folgenden Stadtstaaten (Xochicalco, Cholólan, Chichén-Itzá); nicht zuletzt auch in Tenochtitlan, wo freilich die Priesterschaft sich dadurch gegen den Herrscher legitimiert sah.

Die Zerstörer Tollans im Jahre 1168 waren wahrscheinlich die ebenfalls der Nahua-Sprachgruppe angehörenden **Chichimeken** (= Hundegeschlecht), die unter ihrem Führer **Xolotl** (der später als Unterweltgott verehrt wurde) die Tolteken vertrieben und die Stadt **Tenayuca** gründeten, die später **Texcóco** genannt wurde und gegenüber von Tenochtitlan am Ostufer des größten der fünf Seen lag. Sie gingen später mit den Azteken (die ebenfalls der Nahua-Sprachgruppe angehörten) ein Bündnis ein.

### Aufstieg und Untergang der Azteken

Als siebenter und letzter der das Nahua sprechenden »Stämme aus dem Norden« kamen die **Azteken** (wie sie nach ihrer im Mythos genannten Heimat *Aztlan* an der Pazifikküste hießen) oder **Mexica** (wie sie sich selber nannten und woraus später der Name des gesamten Landes gebildet wurde) in der nachklassischen Zeit der präkolumbianischen Geschichte Mesoamerikas auf das Hochplateau. Ihren ungestümen Aufstieg verdankten sie – anders als die meisten anderen genannten Stämme – ihren Kriegern.

Die ersten Scharen der Mexica setzten sich auf einer unbewohnten Insel im westlichen Teil des Texcóco-Sees fest. Aufgrund unablässiger Aggressivität unterwarfen sie nach und

*Rituelles »Menschenopfer« der Azteken.*

nach ihre unmittelbaren Nachbarn, gründeten 1325 die Stadt **Tenochtítlan** und machten sie im Laufe eines Jahrhunderts zur blühenden Hauptstadt eines großen Reiches, das östlich bis zum Golf und westlich und südlich bis zum Pazifik reichte – und auch noch das Gebiet der Mayas einbezog, die damals keine Widerstandskraft mehr hatten und von ihrer kulturellen Höhe zur Bedeutungslosigkeit abgesunken waren.

Die besiegten Völker und Städte wurden aber nicht unterworfen, zerstört und integriert, sondern im Zuge einer imperialistischen Politik durch Bündnisse und Tributzahlungen regiert und ausgebeutet; wobei es nicht nur um materielle Güter ging, sondern auch um den immer größer werdenden Bedarf an Menschenopfern, den sie ihrem Hauptgott **Huitzilopochtli** leisten zu müssen glaubten.

Sie schufen jedenfalls das bisher größte Reich im mittelamerikanischen Bereich und kontrollierten bei der Ankunft des Hernando Cortez im Jahr 1520 n. Chr. ein Gebiet, das größer war als Frankreich. Während ihrer knapp 200-jährigen Herrschaft war es den Azteken gelungen, die Vermächtnisse der vorangegangen Kulturen zu assimilieren und doch auch einen eigenen, unverwechselbaren Stil zu prägen – obwohl sie Künstler aus den verschiedensten Provinzen und Kulturbereichen ins »Venedig Amerikas« an den großen See holten.

Durch die schon genannten Umstände, dass auf Befehl des Cortez »die Seele der Indios« ausgelöscht werden sollte, wurde von den Spaniern und ihren einheimischen Helfershelfern alles, was als heidnisch und dem Christentum widersprechend empfunden wurde, zerstört. Auf diese Weise sind auch viele profane Bauwerke der Azteken verschwunden. Aus den zahlreichen Berichten der weltlichen und geistlichen Begleiter des Cortez wissen wir aber, dass z. B. die Paläste in Tenochtitlan riesengroß waren.

Die Hauptstadt entsprach wie wenig andere dem Anspruch, »Mittelpunkt der Welt« zu sein, denn »das Tal von Mexiko ist das Herz der Hochebene. Zwischen 1300 und 1521 führten alle Straßen Zentralmesoamerikas in das Seengebiet des Tales, wo dann auch die herrliche Aztekenhauptstadt entstand, deren vielseitiger Grundriss von den Forschern als komplexes Raumsymbol der kosmologischen Konzeption der Aztekenreligion gedeutet wurde.« (Carrasco)

Der mächtigste Stadtstaat, gegen den die Azteken kämpften, war das Reich **Tepanec**, das im frühen 15. Jh. n. Chr. weite Gebiete des Zentraltals vereinigt hatte. 1424 rebellierten die Azteken von Tenochtítlan zusammen mit den Stadtstaaten Tetzcóco und Tlacoban erfolgreich gegen die Tepaneken und gründeten gegen sie den »Staatenband der Dreifachen Allianz«. Die Mischung von Eroberung, Gebietskontrolle und Administration übernahmen sie von den Tepaneken und waren sehr erfolgreich darin, zumal sie mentalitätsmäßig die beiden Partner dominierten.

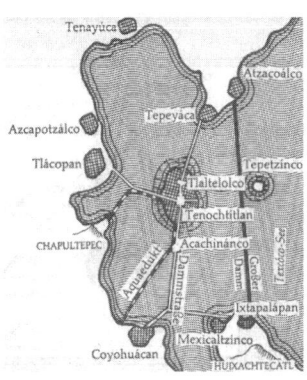 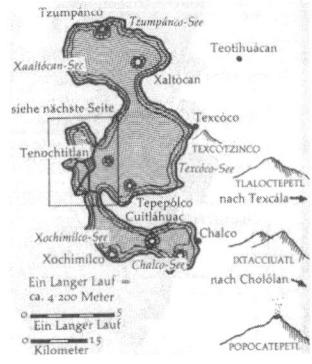

*Lageplan von Tenochtítlan im Westteil des Texcocosees; das weiße Viereck verweist auf den Großen Platz (»Herz der Einen Welt«).*

*Überblick über das Zentrum von Zentralmexiko (heute: Mexiko-City).*

Sie gaben sich damit aber nicht zufrieden, sondern führten auch in den folgenden 90 Jahren zahlreiche Kriege, die ihren Einflussbereich ständig vergrößerten und nicht zuletzt immer wieder viele Gefangene brachten, deren »Edelsteine« (= Herzen) sie Huitzilopochtli zum Opfer brachten.

Hinter dieser Politik stand also ein religiöses Konzept, das im folgenden Text deutlich zum Ausdruck kommt:

*Die Stadt von Mexico-Tenochtitlan ist stolz auf sich. Niemand hat hier Angst, im Krieg sterben zu müssen. Das ist unser Ruhm, das ist dein Gebot, o Geber des Lebens. Ver-*

*gesst das nicht, Prinzen! Wer wollte Tenochtitlan erobern?*
*Wer könnte die Festen des Himmels erschüttern?*

Die zugrunde liegende **Weltvorstellung** lässt sich so zusammenfassen: Das Universum entsteht nach einem geordneten Plan: Das göttliche Paar, *Ometeotl*, mit Wohnsitz in *Omeyocan*, dem Ort der Dualität in der 13. Stufe des Himmels (der sich in der Art einer Pyramide über der Erde ausbreitet), zeugte vier Kinder: den Roten Tezcatlipoca (Rauchender Spiegel), den Schwarzen Tezcatlipoca, Quetzalcoatl (die Gefiederte Schlange) und Huitzilopochtli (Kolibri zur Linken). Die beiden Letztgenannten ordnen das Universum, erschaffen das Feuer, die Menschen und den Kalender, das Wasser und seine göttlichen Wesen. Dieses bewegt sich durch vier »Sonnen« (= Zeiten), die von einer der vier Gottheiten gelenkt werden, und trägt den Namen der Kraft, durch die es zerstört wird: Jaguar (1), Feuerregen (2), Wasser (3), Wind (4); die Azteken leben im 5. und letzten, das unvermeidlich durch Erdbeben zerstört wird. Die Erschaffung dieses 5. Zeitalters der Azteken fand im göttlichen Feuer in der Dunkelheit Teotihuacáns statt, und es war eine schwere Geburt, bei der sich alle Götter selbst opfern mussten, um die Sonne in Bewegung zu bringen. Um sie in Bewegung zu halten, müssen die Azteken ständig möglichst viele Menschenopfer bringen.

Die Fixierung und Egozentrik des aztekischen Glaubens zeigte sich z. B. darin, dass sie die Erde *(Cemanahuac)* umschreiben mit »Land vom Wasser umgeben« – also Tenochtítlan als Nabel der Welt. Unter der Erde befindet sich die 9-stufige Unterwelt *(Mictlan)*, ein gefahrvoller Aufenthaltsort der Toten, denen man viele Amulette mitgeben muss, um sie zu schützen.

Das **Pantheon** (in den Faltbüchern in großer Zahl belegt) weist eine ungeheuer große Zahl auf: Jeder Lebensbereich galt als geheiligt, und die Götter waren Verkörperungen der numinosen Kräfte *(teotl)*, die die Welt durchdringen. Das Pantheon ist aber kein durchstrukturiertes Ganzes, sondern ein breites Spektrum von göttlichen Zuständigkeiten. Die Götter wohnen in den 22 Sphären des Himmels und der Unterwelt und werden in Menschengestalt oder doch in anthropomorpher Form dargestellt.

Stark ausgeprägt ist die Vorstellung von **Schutzpatronen,** zu denen eigene Schamanenpriester *(teomama)* die Verbindung herstellen. Diese Kultführer verfügten über besondere spirituelle Gaben, die sie befähigten, ihre Gemeinde zu führen und zu regieren. In Visionen und Träumen oder durch innere Einsprechungen erfuhren sie die göttlichen Gebote und gaben sie an die ihnen Anvertrauten weiter. Bei Wanderungen, Neubesiedelungen oder Eroberungen wurde jeweils zuerst ein Schrein zu Ehren der Schutzgottheit errichtet – bei einer Unterwerfung wurde der Schrein verbrannt.

**Huitzilopochtli** war die Schutzgottheit der wandernden Mexica. Seine Mutter ist die Erdgöttin *Coatlicue* (= die mit dem Schlangenrock Gegürtete), welche die gebärenden und zerstörenden Kräfte der Natur verkörpert. **Tezcatlipoca** ist der allmächtige Gott aller Nahua-Völker und der Hauptgott von Texcóco. Er ist einbeinig, das zweite wurde ihm abgeschlagen, als er als Gott der untergehenden Sonne in die Unterwelt einging. Sein Name ist mit den vier Weltgegenden verknüpft: Als »Schwarzer« Tezcatlipoca ist er der Gott des Nordens und der Nacht, als »Weißer« Tezcatlipoca der Gott des Ostens und Widersacher des Quetzalcoatl, als »Roter« Tezcatlipoca ist er der Fruchtbarkeitsgott Xipe und als »Blauer« Tezcatlipoca der Kriegsgott Huitzilipochtli. Als solcher inspirierte er nach aztekischer Überlieferung den »Teomama« des Stammes, seine Leute ins Tal von Mexiko zu führen.

Dort zeigte er sich ihnen als Adler, der auf einem Kaktusbaum inmitten des Sees saß. An diesem Ort errichteten sie ihm einen Schrein und erbauten dort schließlich auch die Stadt Tenochtítlan. Aus dem Schrein wurde im Laufe der Zeit der Tempel des Huitzilopochtli am östlichen Rand und schließlich 1487 der Große Tempel der Azteken, das zentrale Heiligtum auf der fünfstufigen Pyramide in der Mitte des Großen Platzes, das er mit dem Regengott Tlaloc teilte.

Der Tempel wurde 1521 von den Spaniern in die Luft gesprengt und die Riesenstatue des Schutzgottes verschleppt oder zerstört.

Das **Menschenopfer** stand im Mittelpunkt des komplexen und komplizierten Zeremonialsystems der Azteken, dessen Hauptaufgabe darin bestand, den Hunger der vielen Gottheiten zu stillen. Der umfangreiche Zeremonialkalender und die genau vorgeschriebenen einzelnen Phasen vom vorbereitenden Fasten, Nachtwachen, Blumen- und Nahrungsmittel-opfern bis zum Anlegen der Ritualkleidung, den Darbietungen von Musik-, Tanz- und Gesangsgruppen bis zum rituellen Opferakt an Tieren oder Menschen wurde konsequent eingehalten, einstudiert und abgewickelt – dies ging bis zum rituellen Kannibalismus.

Es gab auch Gegenbewegungen gegen diese aggressive Ritualpraxis, doch konnten sie sich nicht durchsetzen. Erst Cortez machte – freilich mit demselben Mittel zigtausend-fachen Mordens unter christlichem Vorzeichen – dem schrecklichen Treiben ein Ende.

König **Moctezuma II.** war offensichtlich erfüllt von der mythisch-religiösen Erwartung, dass der weißgesichtige Quetzalcoatl aus dem Osten wiederkehren und sein Reich neu errichten werde und sah im weißgesichtigen Spanier Cortez und seinen kaltschnäuzigen Soldaten die von den Göttern gesandte neue Königsherrschaft, der er sich zu unterwerfen hatte. Trotzdem bleibt das Rätsel bestehen, wie ein paar hundert Soldaten eine derart riesige Militärmacht, wie sie die Azteken zweifellos darstellten, sozusagen im Handstreich entmachten konnten.

Dass die Azteken aber nicht nur eine **Hochkultur** und **Hochreligion** im religionsgeschichtlichen Sinn entwickelt hatten, sondern auch einen hohen Grad an Verinnerlichung erreichten, der sie empfänglich machte für das Christentum – so dass nach den gut bezeugten Berichten der spanischen Missionare in wenigen Jahren neun Millionen Azteken und andere Eingeborene getauft wurden –, kann die folgende Ermahnung eines Aztekenpriesters (vor der Christianisierung!) vermitteln:

*O Bruder, du bist zu einem Ort großer Gefahr gekommen, an dem Schlingen und Netze sich verstricken. Das sind deine Sünden, die nicht nur Schlingen und Netze und Löcher sind, in die du gefallen bist, sondern auch wilde Tiere, die den Körper und die Seele töten und zerreißen … Als du von Quetzalcoatl geschaffen und hierher gesandt wurdest, warst du wie ein Edelstein. Jetzt hast du gebeichtet, du hast alle deine Sünden aufgedeckt und offenkundig gemacht vor unserem Herrn, der alle Sünder beschützt und reinigt. Nun bist du aufs Neue geboren. Neu beginnst du zu leben und auszusprießen wie ein ganz reiner Edelstein, der hervorkommt aus deiner Mutter Schoß. Es ist angemessen, dass du Buße tust und ein Jahr im Haus des Gottes arbeitest, und dort sollst du dir Blut abzapfen und deinen Körper mit Kaktusdornen stechen … und dies nicht nur als Buße für deine fleischlichen Sünden, sondern auch für Worte und Beleidigungen, mit denen du deine Nachbarn verletzt hast. Es wird deine Pflicht sein, auch Almosen zu geben für die Bedürftigen, damit du selbst lernst, Speise zu entbehren, um sie ihnen zu geben. Bedenke, dass ihr Fleisch wie deines ist und dass sie Menschen sind wie du.*

Eine **spirituelle Wiedergutmachung** erfolgte im Jahr 1531, als dem 1474 geborenen Azteken *Cuauhtlatohuac,* der 1525 auf den Namen *Juan Diego* getauft worden war, auf dem der Schlangen- und Muttergöttin *Tonantzin* geweihten Hügel Tepeyrac, etwa 10 km in nördlicher Richtung vom Stadtzentrum Tenochtitlans entfernt, am Fest der Unbefleckten Empfängnis Marias (8. Dezember) knapp unterhalb der Kuppe des Berges, wo früher der Tempel der Schlangengöttin stand, Maria als Mutter Gottes, erschien.

*Hl. Maria als »Schlangenzertreterin« – das Gnadenbild »Unsere Liebe Frau von Guadalupe« von 1528.*

Er war nach Mitternacht aufgebrochen, um am Feiertag der strahlenden Himmelskönigin, die er sehr verehrte, im 24 Kilometer entfernten Tenochtítlan die Messe mitzufeiern. Er hörte Musikklänge, sah ein strahlendes, regenbogenfarbenes Licht in der frühen Dämmerung und hörte den Ruf: »Juanito! Juan Dieguito!« Er ging dem Ruf nach und stand vor einer »Dame«, die sich ihm (nach Gen 3,14) als »Schlangenzertreterin« *(Coatlaxopeuh)* offenbarte und ihm auftrug, zum Bischof zu gehen und ihm ihren Wunsch mitzuteilen, dass hier auf dem Berg der Schlangengöttin ein »Teocalli« (= *Gotteshaus)* erbaut werde, wo sie »ihre ganze Liebe, ihr Mitleid und Erbarmen den geplagten Menschen schenken wolle«.

Juan Diego folgte dem Auftrag, drang zu dem seit 1528 amtierenden Bischof von Neuspanien Juan de Zumárraga durch, fand aber zunächst wenig Glauben. Auf dem Rückweg erschien ihm Maria ein zweites Mal und bestärkte ihn, es noch einmal zu versuchen. Diesmal hörte der Bischof ihm zu, verlangte aber ein »Zeichen des Himmels«. Dieses gab Maria am nächsten Tag, indem sie ihn anwies, Blumen zu pflücken. Diese ordnet sie dann in Juan Diegos Mantel und schickt ihn damit wieder zum Bischof. Der ließ ihn vor, und als Juan Diego seinen Mantel öffnete und die Blumen herausfielen, war im Stoff des aus Agavenfasern gewebten groben Mantels das Abbild Marias eingeprägt, wie sie ihm auf dem Tepeyac begegnete. Es wurde eine Kapelle gebaut und 1694 eine Basilika.

Die Spanier machten aus dem aztekischen Wort für Schlangenzertreterin das ihnen geläufige *Guadalupe*. Und das im Mantel des Juan Diego eingeprägte Gnadenbild – das bis heute nichts von seiner Leuchtkraft verloren hat – wird in der großen Basilika am Stadtrand von Mexiko-City Jahr für Jahr von etwa 20 Millionen Pilgern besucht. 1737 wurde Maria zur Patronin Mexikos erklärt und von Papst Johannes Paul II. zur »Mutter beider Amerika«. Im Sommer 2002 sprach derselbe Papst den am 20. Mai 1548 gestorbenen Juan Diego Cuauhtlatohuac in einer feierlichen Zeremonie in Mexiko City heilig.

# Der Glaube der Inkas und ihrer Vorläufer in Südamerika

Der älteste religiös relevante Fund, eine Felsritzung in den Höhlen von Lauricocha in Zentralperu, stammt aus der Zeit um 8.000 v. Chr. Der Beginn der ersten ausgeprägten Andenkultur – von der Teile der Staaten Kolumbien, Ekuador, Peru, Bolivien, Chile und Argentinien betroffen sind – wird von der Forschung ebenfalls in Peru zwischen 1.500 und 1.200 v. Chr. angesetzt.

## Von der Chavin- zur Moche-Kultur

Die **Chavin-Kultur** in Nordperu, die als älteste unter den Vorläufer-Kulturen der Inkas gilt, erreichte bereits einen hohen künstlerischen Grad und auch eine große religiöse Intensität, wenn ihr auch noch die Schrift fehlte. In **Chavin de Huantar** am Oberlauf des Maranón wurden die Ruinen verschiedener Bauten ausgegraben, die einen tiefer gelegenen quadratischen Hof von 50 m Seitenlänge umschließen. Zu diesem Baukomplex gehört auch eine Castillo genannte pyramidenförmige Plattform mit 72 × 70 m Grundfläche, 13 m Höhe, auf der Reste von zwei Gebäuden erkennbar sind, die wahrscheinlich einen Doppeltempel (Jaguar- und Condor-Gott?) trugen. Auf der Südseite gab es ein Portal, vor dem zwei Säulenpaare stehen, durch das man in das Innere der Pyramide gelangte und über zwei Treppen die Plattform besteigen konnte. Von diesem Innenraum aus gelangte man über enge Treppen und schmale Gänge auch in unterirdische gewölbte Galerien in mehreren Geschossen, deren Verwendung unklar ist. Hier befindet sich ein großes Flachrelief, das den Jaguargott in Menschengestalt mit Schlangenhaaren darstellt.

In der Mitte der Kreuzung der Hauptgänge steht eine 4,5 m hohe Steinskulptur, der Lanzon, ebenfalls eine Darstellung des furchterregenden Jaguargottes. Die Anlage weist auf einen Wallfahrtsort hin; das bedeutet, dass von hier aus die Anbetung des Jaguargottes ausgegangen ist und sich in weiten Teilen Perus verbreitet hat. Das Mauerwerk besteht aus wechselnden Lagen roh behauener Steine, das außen mit geglätteten Platten verkleidet wurde.

*Überreste der Pyramide in Chavin de Huantar (Oberlauf des Maranón/Peru), die den Doppeltempel einer Jaguar- und Condor-Gottheit trug, 6. Jh. v. Chr.*

Wann der Kult in Chavin begonnen hat, ist nicht mehr genau auszumachen. In der Zeit zwischen dem 8. und 5. Jh. v. Chr. hatte er jedoch bereits seine Blütezeit. Da Teile der genannten Gebäude wesentlich jünger sind, kann man einen anhaltenden Kult bis etwa 300 v. Chr. rechnen.

Der Kunststil von Chavin ist alles andere als primitiv, sondern ist sicherlich das Ergebnis einer langen Entwicklung und zeigt auch sehr verschiedenartige Ausfaltungen – z. B. an der Pazifikküste im Casmatal, wo man skulptierte Stelen fand, die nur andeutungsweise zur Chavin-Kultur passen, viel eher zu den Danzantes von Monte Albán in Mexiko. Oder im Tal von Huaraz, unweit von Chavin, wo man Überreste einer jüngeren Kultur mit Skulpturen in Eiform fand: stark stilisierte Menschen in Hockstellung, die vielleicht Tote darstellen; die würden zu ebenfalls in dieser Gegend entdeckten Gräbern in Trockenbauweise gehören, wie man sie von den Nuragen Sardiniens oder von den Bories in der Provence her kennt.

Eine gewisse Stileinheit der Chavinzeit findet man nur in der Töpfereikunst – dies aber bis tief hinein in die Nazka-, Chimú- und Moche-Kultur hinein –, die vor allem bei den **Mochica** eine expressionistische Stilprägung erreichten, wie man sie z. B. im westlichen Mexiko festgestellt hat.

Die **Paracas-Kultur** in den Tälern von Nazka, Ica und Pisco in Südperu überschneidet sich teilweise mit der nördlichen Chavin-Kultur und wird dominiert von Nekropolen auf der Halbinsel Paracas mit zahlreichen in die Felsen gehauenen Schachtgräbern, deren Oberteil und Decke ausgemauert wurden, so dass sie bis zu 7m tief sind. Nach unten erweitern sich die Schächte zu Grabkammern mit rundem Grundriss. Diese zwischen 350 v. Chr. und 250 n. Chr. entstandenen Gräber enthielten etwa 400 in kostbare Gewebe (2,5 m lang und 1,5 m breit) gehüllte Mumien in Hockstellung. Die salpeterhältige Erde hat die Leichen und Textilien hervorragend konserviert, so dass die Gewebe wie neu erscheinen, obwohl sie 2000 Jahre alt sind. Die Muster und Farben scheinen eine Art Hieroglyphensystem darzustellen und religiöse Bedeutung zu haben; sie konnten jedoch noch nicht entschlüsselt werden. Alle Mumien sind männlichen Geschlechts, Mund und Augen sind mit Goldplättchen bedeckt (man beherrschte also bereits die Goldschmiedekunst!), und die Zehen und Finger sind mit Schnüren zusammengebunden. Vielleicht handelt es sich um priesterliche Würdenträger, die Verbindung mit dem Jenseits herstellen sollten.

Man fand aber auch einige einfach gewandete Mumien, deren Schädel teilweise geöffnet und dann mit Goldplatten verschlossen wurden. Beigegebene Obsidianmesser verweisen vielleicht auf einen magischen Opferkult.

Die **San Agustin-Kultur** ist die älteste in **Kolumbien** beheimatete Kultur. Man grub im Quellgebiet des Magdalenenflusses megalithische Grabkammern, Schreine, Steinfiguren und Felsreliefs aus, die großteils aus den ersten nachchristlichen Jahrhunderten stammen. Mehr als 300 überlebensgroße Steinmonumente in Tier- und Menschengestalt, die teilweise als Tragsäulen in Grabräumen dienten, aber auch einzeln auf Hügeln im Freien aufgestellt waren.

Die unterirdischen Gräber sind manchmal kleine Tempel, was auf einen regen Totenkult schließen lässt. Die Wände sind

*Monolith (tiergestaltige Gottheit) aus San Agustin (Kolumbien)*

*Der berühmte »Raimondistein« stellt ein Wesen mit hochaufgetürmtem Kopfschmuck dar.*

mit abstrakt-geometrischen Mustern bemalt, während die Skulpturen eher realistisch ausgeführt sind und Tiere oder Menschen mit überdimensionierten Köpfen, breiten Nasen und einem Raubtiergebiss darstellen. Manche Figuren tragen eine Art Szepter oder Werkzeuge in den Händen. Sogar Mutter-Kind-Darstellungen wurden gefunden.

Wahrscheinlich war San Agustin ein Kultzentrum wie Chavin, zu dem man von weither kam, um anzubeten. Im nahegelegenen Lavapatas fand man in einer Schlucht verschiedene Tierskulpturen und eine Menschengestalt mit Federkrone und erhobenen Händen. Der die Schlucht durchfließende Bach konnte gestaut und mit Hilfe von Rinnen und Becken umgeleitet werden, sodass er alle diese Figuren überspülte. Vielleicht handelt es sich daher um einen Fruchtbarkeitskult. Da es keinerlei schriftliche Funde gibt, ist man auf Vermutungen angewiesen.

Die **Nazka-Kultur** in Südperu (350–850 n. Chr.) war vielleicht die Nachfolgekultur der vorhin kurz beschriebenen Paracas-Kultur. Man fand Schachtgräber mit rundem oder eckigem Grundriss und reichen Beigaben, die auf den Glauben an dämonische Ungeheuer schließen lassen. Die Nazka-Kultur ist besonders reich an herrlich gefärbten und gestalteten Töpfereiwaren, die durch Konturierung mit Weiß und Schwarz große Eleganz und Ausdruckskraft erhalten und den Eindruck des Klassischen machen.

Am verblüffendsten sind aber Funde in der unfruchtbaren Küstenwüste südlich von Nazka, wo in das harte Erdreich die Konturen von riesigen Figuren eingegraben wurden, welche Vögel, Affen, Fische und Blumen darstellen. Ein Kondor hat z. B. eine Flügelspannweite von 120 m (!), und die Figuren verteilen sich über eine Fläche von 70 km Länge.

*Auf der unfruchtbaren von Nazca (Südperu) entdeckte man vom Flugzeug aus riesige Scharrbilder wie die abgebildete 50 m lange »Spinne«.*

Das merkwürdigste daran ist, dass die Gesamtfiguren vom Erdboden aus gar nicht zu sehen sind, sondern nur aus der Luft. So wurden sie auch entdeckt, nämlich bei der Auswertung von Luftaufnahmen. Die in den steinigen Boden »gezeichneten« Figuren wurden nicht geritzt oder durch Furchen markiert, sondern wurden richtig gegraben, mit einer Breite von zum Teil mehr als einem Meter und einer Tiefe von ½ Meter, aber mit auffällig schnurgerader Linienführung und exakten Bögen. Sie sind mindestens 1.500 Jahre alt und stellen eines der größten bisher ungelösten Rätsel Südamerikas dar. Keine der zahlreichen Deutungsversuche (bis hin zu Erich von Dänikens »Stützpunkt für Raumschiffe von Extraterrestriern«) konnte bisher restlos überzeugen.

Die **Moche-Kultur** ist für das 2. bis 9. Jh. n. Chr. in Nordperu nachgewiesen, und auch die Mochika-Indianer sind Meister in der künstlerischen Gestaltung ihrer Gefäße und anderer Gebrauchsgegenstände aus Ton. In geradezu expressionistischer Weise drücken sie Gefühle des Entsetzens, der Angst und Traurigkeit, der übergroßen Anstrengung oder zufriedener Heiterkeit aus. Es ist ein naturalistischer Stil, geradezu konträr zur hieratischen Art, in der die Chavin-Kultur Menschen und Gottheiten darstellte. Sie benützten einen volksnahen Kunststil, mit dessen Hilfe sie in buntem Wechsel Tagesereignisse, Karikaturen, erotische Szenen, Porträts und Idyllen darstellten – oftmals gekonnt humorvoll und mit meisterhafter Beherrschung aller Möglichkeit, die das Material Ton und die Bemalung boten.

Die Hochkultur der Mochika setzte eine hohe Bewässerungskunst voraus. Sie schufen bedeutende hydraulische Anlagen und Kanäle von mehr als 130 km Länge, um das Wasser aus den Bergen in die Küstenebenen zu bringen, wo sie eine blühende Landwirtschaft betrieben. Ihre Aquädukte aus Ziegelsteindämmen, mit denen sie tiefe Schluchten überquerten, gehören zu den Meisterleistungen der Landveredelung und blieben zum Teil bis ins 20. Jh. hinein in Betrieb.

Sie waren auch bedeutende Architekten, wie die beiden großen Pyramiden in Moche beweisen, die sich mit jenen in Mexiko durchaus messen können. Ob die Namen »Sonnen-« und »Mondpyramide«, die die Spanier ihnen gegeben haben, zutreffen, vermag niemand zu sagen, da es keinerlei schriftliche Aufzeichnungen und greifbare Überlieferungen und auch zu wenig archäologische Funde gibt, welche dahinter stehenden Glaubensvorstellungen erläutern könnten.

Als im 17. Jh. die Spanier die Nekropole von Moche ausgegraben haben, sollen den spanischen Chroniken zufolge erstaunliche Produkte der Goldschmiedekunst der Mochica offenkundig geworden sein. Kaum etwas davon ist freilich wissenschaftlich erfasst und öffentlich zugänglich.

Die **Chimú-Kultur,** die in der im 12. Jh. n. Chr. entstandenen, etwa 28 qkm umfassenden Stadt **Chan-Chan** an der Pazifikküste nördlich von Moche erhalten ist, dürfte den un-

*Gefäß aus der Moche-Kultur (Nordperu) mit schrecklichem Todesgrinsen.*

*Chimú-Totenmaske, gefunden in der »Großstadt« (28 qkm) Chan-Chan.*

mittelbaren Übergang zur Kultur der **Inka** gebildet haben. Ein ungewöhnlicher Stadtanlageplan mit zehn rechteckigen Bezirken von beträchtlichem Umfang (530 × 265 m), die jeweils von 10 Meter hohen zwei- bis dreifachen Lehmziegelmauern umgeben waren, dürften für die verschiedenen Gesellschaftsklassen bzw. Berufsgruppen der Chimú gedacht gewesen sein.

Jeder dieser Bezirke bestand aus zwei unterschiedlichen Bereichen: Auf etwa 60 Prozent der Fläche gab es streng rechtwinkelig angelegte Wohnungen, Vorratshäuser, Werkstätten, Wasserreservoire etc. und auf den anschließenden, ebenfalls voll ummauerten 40 Prozent des Areals erstreckte sich ein freier Platz mit zwei Pyramiden. Leider sind die Pyramiden durch Schatzsucher völlig zerstört und die Gebäude nur mehr Ruinen – und das Fehlen der Schrift macht es unmöglich, das dahinterstehende Konzept – das eine Ghettoisierung der Bevölkerung oder ein extremes Kastensystem vermuten lässt – sachgerecht zu deuten.

Die Chimú sollen laut zeitgeschichtlichen Berichten knapp vor der spanischen Eroberung im 16. Jh. von Norden her auf Balsaholz-Floßen über das Meer gekommen sein und über eine ausgeprägte soziale und militärische Organisation verfügt haben. Sie übernahmen offensichtlich die Konföderation der Stadtstaaten, welche schon ihre Vorgänger, die Mochika, aufgebaut hatten, und legten ein ausgedehntes Straßennetz im Andenhochland an, um über Staatskuriere die Kommunikation zwischen den Städten zu verbessern.

Eine weitere Stärke der Chimú war ihre große Fertigkeit in der Metallverarbeitung. Sie schufen sozusagen das Fundament für den Mythos des sagenhaften Goldschatzes in Peru. Was dann den Abenteurer Francisco Pizarro und seine Gefährten animierte, nach dem Eldorado in den Anden zu suchen.

Der ursprünglich im gesamten Andenhochland verbreitete Glaube an einen höchsten Schöpfergott nahm bei den Chimú unter dem Namen **Kon** Gestalt an – allerdings nur in den Mythen: Als körperloser Gott raste er über das Land und machte es fruchtbar. Wie **Pachamac** (der in den Küstenländern als Schöpfer der Welt verehrt wurde) dachte man sich ihn als Sohn von Sonne und Mond.

Eine Kultur der besonderen Art stellt **Tiahuanaco** (im heutigen Nordbolivien um den Titicacasee) dar. Die südöstlich des Sees in etwa 4.000 m Höhe gefundenen Ruinen, merkwürdig behauenen Monolithe und besonders das berühmte **Sonnentor** sind Hinweise auf das Zeremonialzentrum einer blühenden Kultur in der zweiten Hälfte des ersten Jahrtausends nach Christus. Es handelte sich um eine in mehrfacher Hinsicht hochstehende Kultur, die aber immer noch große Rätsel aufgibt, vor allem: Wer sind die Träger der Kultur? Wann ist sie entstanden? Hängt sie mit den Inkas zusammen? Gibt es Verbindungen nach Chavin oder den anderen bekannten Kulturen?

Die Hauptgottheit in Tiahuanaco war vielleicht der aufrecht stehende, in der Mitte des Sonnentores herausgemeißelte Sonnengott **Viracocha** (?), aus dessen Augen Tränen fallen (zugleich Regengott?) und der in beiden Händen Stäbe (?) hält, die unten in Adlerköpfen enden.
Dieser Name und die Ausdeutung (Sonne und Regen) stammen allerdings aus der Inka-Mythologie, die aber möglicherweise eng mit jener der Träger der Tiahuanaca-Kultur verbunden war.

Das Sonnentor ist aus einem einzigen riesigen Andesitblock herausgemeißelt worden, und sein Dekor ähnelt dem am Castillo der Chavin-Kultur festgestellten. Da man die Ruinen von Tiahuanaco als Steinbruch für den Aufbau der nahegelegenen Stadt La Paz verwendet hat, sind leider viele andere ähnliche Monumente nur mehr in Bruchteilen vorhanden. Die vielen bis zu sieben Meter hohen säulenartigen Monolithe, die offensichtlich zu schwer waren, um nach La Paz geschafft zu werden, erinnern an die großen Atlanten von Tollan (Tula) in Mexiko, wo sie ein Tempeldach des Quetzalcoatl getragen haben.

*Das gewaltige »Sonnentor« von Tiahuanaca am Südufer des Titicacasees (Nordbolivien) gehört zu den wenigen Überresten einer Stadt, deren Baumaterial großteils zum Bau von La Paz verwendet wurde.*

Wie auch sonst bei den bisher besprochenen Vorläufern der Inka-Kultur macht sich das Fehlen jedes schriftlichen Zeugnisses schmerzlich bemerkbar, da es praktisch unmöglich ist, die archäologisch und künstlerisch so bedeutsamen Funde auch religiös zu deuten.

Am **Sillustani-See in Südperu**, unweit des Titicacasees, fallen viele gleichartige Bauwerke auf, die man als **Grabtürme** *(Chullpa)* identifiziert hat. Die aus präzise behauenen Quadern ohne Verwendung von Mörtel zusammen gesetzten Rundbauten sind wohl ebenfalls Zeugnisse einer weiteren

Kultur, die als Übergang zu den Inkas anzusehen ist; man nennt sie **Hochlandkultur.** Und das Königreich **Chincha** in der südlichen Küstenregion im Inca-Tal – das sich in der Webe- und Goldschmiedekunst hervortat – ging 1476 im Inkareich auf.

## Das Inkareich

Die Parallele zu den Azteken liegt auf der Hand: Das Volk, das den höchsten Kulturstand in Südamerika zustandebrachte und auch religiös gesehen die ausgeprägteste Entfaltung seines Glaubens erreichte, war ein Volk von Kriegern, das durch Härte, überlegenes Organisationstalent, Zähigkeit und Tapferkeit das größte Reich in der Region aufbaute – und bald darauf an spanische Abenteurer verlor, wonach die gesamte Region einer großflächigen Christianisierung unterzogen wurde.

Über ihre Religion sind wir nicht zuletzt deshalb verhältnismäßig gut informiert, weil die spanischen Chronisten – vor allem viele Missionare – ausführlich über die Erfolge von Kreuz und Krone im Goldland Peru berichteten und dabei detailliert über Land und Leute, Glauben und Brauchtum geschrieben haben.

Die Anfänge des Inkareiches sind um 1200 n. Chr. festzustellen, als der kleine Stamm der **Quetschua** sein Wohngebiet nördlich des Titicacasees verließ und sich in der Ebene von Cuzco ansiedelte.

Am Beginn der **Inka-Dynastie** steht die noch mythenhafte Figur des **Manco Capac,** der sein Volk mit kräftiger Hand regierte und sich am Ende seines Lebens in eine Steinfigur verwandelt haben soll, die als eines der höchsten Heiligtümer im Tempel von Cuzco aufbewahrt wurde.

Seine Nachfolger bauten Schritt für Schritt das Reich auf, griffen auf die Errungenschaften ihrer Nachbarn zurück und gestalteten unter den schwierigen Bedingungen des Andenhochlands eine erstaunlich durchorganisierte Zivilisation und Administration.

Der achte Inka **Viracocha,** der zahlreiche soziale Einrichtungen schuf und damit einer gefährlichen Ausbeutung des Volkes entgegenwirkte, erregte den Zorn der stark gewordenen Priesterschaft des Reiches. Erst seinem Nachfolger **Pacha-**

**cutec** (= Weltenwende) gelang es, die Macht der Priester zu brechen und als Priesterkönig das Reich zu festigen. Er erhob die Verehrung des Sonnengottes **Inti** zur Staatsreligion und erhielt dafür den Beinamen »Der Allwissende«.

*Darstellung des Schöpfergottes Viracocha.*

Cristobal de Molina schrieb über diesen bedeutenden Herrscher, der als *Cusi Yupanqui* geboren worden war:

*Einst wollte Inka Yupanqui, ehe er den Thron bestiegen hatte, seinen Vater, den Inka Viracocha, besuchen, der in Sacsahuaman weilte, fünf Leguas von Cuzco entfernt. Als er zur Quelle Sursurpuquio kam, sah er, wie eine Kristallscheibe hineinfiel, in der er die Gestalt eines Indianers gewahrte, der folgendermaßen aussah: Von seinem Hinterkopf liefen drei leuchtende Strahlen nach oben, denen der Sonne gleichend. Schlangen wanden sich um seine Achseln, und sein Kopf trug ein Llautu (= Stirnband der Inka-Herrscher) ... Als Yupanqui diese Gestalt gesehen hatte, floh er, aber die Gestalt rief ihn aus der Quelle herauf beim Namen und sprach: »Komm herbei, mein Sohn, und fürchte dich nicht, denn ich bin dein Vater, der Sonnengott. Wisse, du sollst dereinst viele Völker unterwerfen; trage daher große Sorge, mir Ehrfurcht zu erweisen, und gedenke mein bei deinen Opfern.«*

*Darauf verschwand die Erscheinung, nur der Kristallspiegel blieb in der Quelle zurück. Der Inka nahm ihn mit und bewahrte ihn sorgfältig auf, und es wurde erzählt, dass er später alles darin sah, was er sehen wollte. Sobald er den Thron bestiegen hatte, ließ er eine Statue des Sonnengottes machen, die genau der Gestalt gleich, die er in der Quelle gesehen hatte.*

In der straff organisierten Theokratie kam den Priestern naturgemäß große Bedeutung zu. Sie wachten z. B. über den Kalender und über die damit verbundenen Riten. Der Kalender wurde unter Pachacutec – anders als bei den Mayas und Azteken! – in zwölf Monate eingeteilt. Alles wurde von eigenen Beamten (die vielfach Familienmitglieder waren, also dem Clan der Quetschua angehörten) im Auftrag des Inkakönigs genauestens registriert, organisiert und abgerechnet.

Von allem Gut, das im Reich von den etwa 7 Millionen Bürgern erwirtschaftet wurde, erhielt ein Drittel der Herrscher, ein Drittel die Priesterschaft und ein Drittel das Volk. Dieses **Staatskollektiv**-Konzept begegnete z. B. Hungersnöten, denn die Abgaben in Naturalien wurden in großen Speichern aufbewahrt und bei Bedarf an Notleidende abgegeben. Die Freiheit des Einzelnen war aber verständlicherweise sehr stark eingeschränkt.

Das von den Chimú übernommene **Straßennetz** wurde im ganzen Reich ausgebaut, so dass in der Blütezeit etwa 15.000 km Straßen zur Verfügung standen: eine Küsten- und eine Hochland-Längsstraße und viele Querverbindungen zwischen den beiden, die den Geländeformationen angepasst waren und zum Teil riesige Höhenunterschiede zu überwinden hatten. Diese Straßen wurden allerdings hauptsächlich von Kurieren, Lasten- und Sänftenträgern, Fußgängern und Lamakarawanen (ein Lama konnte höchstens 40 kg transportieren) frequentiert, da das Rad nicht bekannt war und es daher keine Fahrzeuge gab.

Im Inkareich verfügte man trotz aller kulturellen Errungenschaften über keine eigentliche Schrift. Denn der **Quipu** (ein Bündel verschiedenfarbiger Schnüre mit Knoten an bestimmten Stellen) diente nur zum Rechnen, Registrieren, Bilanzieren – also für standardisierte Nachrichten, aber nicht zur Wiedergabe von Gedanken und Empfindungen.

Der 10. Inka **Tupac Yupanqui** eroberte das Königreich der Chimú, große Teile Ekuadors und im Süden halb Chile, bis ihm die *Araukaner* erfolgreich Widerstand leisteten. Expeditionen nach Osten in die tropischen Urwälder des Amazonas und mittels Balsa-Flößen auf die Galápagos-Inseln im Westen brachten keine Reichsvermehrung. Auf ihn geht der Bau der Festung **Sacsahuaman** in **Cuzco** zurück, die zur Gänze aus zyklopischen Steinblöcken erbaut wurde, von denen einzelne über 100 Tonnen wogen. Die dreifache Schutzwehr von 540 m Länge erreichte eine Höhe von 19 Metern und machte die Festung uneinnehmbar. 30.000 Arbeiter müssen viele Jahre damit beschäftigt gewesen sein. Die Festung bot dann aber den Inkas trotz des riesigen Aufwands später keinen Schutz gegen eine Handvoll Spanier.

Die größte Ausdehnung erreichte das Inka-Reich unter dem 11. Inka **Huayna Capac**. Als er unvermutet starb, teilten seine beiden Söhne die Macht: **Huascar** ließ sich in Cuzco zum 12. Inka krönen, **Atahuallpa** – der nach dem Willen seines Vaters Vizekönig in Quito sein sollte – zettelte jedoch einen Bürgerkrieg an, der im Jahr 1532 n. Chr. mit der Gefangennahme und Hinrichtung Huascars durch Attahuallpa endete.

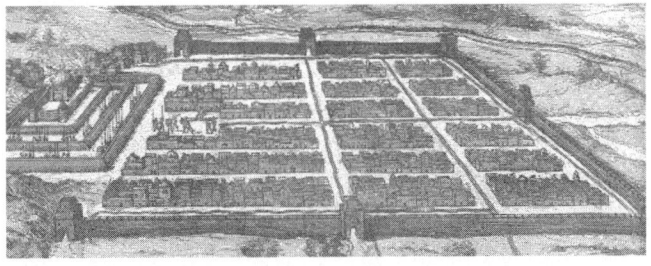

*Cuzco zur Zeit Pizarros (gemalt 1582 in Europa).*

Genau zu diesem Zeitpunkt, als das Volk entzweit war und nur zum Teil hinter dem noch nicht gekrönten 13. Inka stand, ritt **Francisco Pizarro** mit seinen Soldaten in Cuzco ein und nahm in einem tollkühnen Handstreich Atahuallpa gefangen. Trotzdem dieser ihm ein sagenhaftes Lösegeld anbot (»einen Raum voll Gold«), wurde er vom spanischen Kriegsgericht verurteilt – aber nicht verbrannt (was dem Glauben der Inka zufolge ein »Wiederkommen auf die Erde« unmöglich gemacht hätte), sondern er wurde erdrosselt, nachdem er zugestimmt hatte, sich taufen zu lassen.

Das Volk, die Beamten und die Priesterschaft waren offensichtlich – ähnlich wie in Tenochtítlan – durch die Geschehnisse völlig gelähmt und schickten sich mehr oder minder widerstandslos in die Herrschaft der Spanier.

## Religion im Inkareich

Im Inkareich wurde – wie bei mehreren Anden-Völkern – ein **höchster Schöpfergott** verehrt. Er wurde **Virakocha** (= Vater der Sonne) genannt und in Form einer ovalen Goldscheibe dargestellt. Als die Spanier kamen, war sein Kult aber bereits verblasst, und das Volk verehrte hauptsächlich seine Ahnen und Tiergottheiten in der Gestalt des Kondor, des Puma, der Schlange oder als Fisch.

Im Mittelpunkt des Glaubens stand die Ehrfurcht vor dem **Huaca** (= Heiliges) – das waren Idole und Gräber, Tempel und Mumien, heilige Stätten und Steine, die in der Art von Totems als heilige Verwandtschaft angesehen wurden und von deren jenseitigen Urbildern man die Abstammung seiner Sippe herleitete. Neben dem heiligen Stammvater gab es immer auch einen menschlichen, der als Blutsbruder *(huauqui)* des Jenseitigen galt und in der ganzen Sippe mit einem Tabu belegt war.

**Manco Capac,** der Inka-Stammvater, galt als **Sonnenkind,** d. h. sein Huaca war **Inti,** die Sonne in Gestalt eines Falken, weshalb der Falke für den Inka-Clan tabu war.

Die verstorbenen Führer wurden mumifiziert und im Tempel aufgestellt und verehrt. Man nahm die Mumien in die Kriege mit, ließ sie aber auch an Festen teilhaben und führte das Hofzeremoniell weiter, als wären sie noch am Leben. Sie waren »da«, man spürte ihre magische Kraft und konnte sich so jederzeit ihrer bedienen.

Der von **Pachutec** eingeführte **Sonnenkult** bestand in blutigen Opfern, denn Blut wurde – wie bei den Azteken – als »Sonnennahrung« angesehen. Der Mond galt als Schwester der Sonne – deshalb waren die Inkas traditionsgemäß mit einer Schwester verheiratet. Daneben gab es aber noch andere

*Indianische Boten bringen das »Lösegeld« für den Inkakönig Atahuallpa.*

*Totenmaske der Inkas und ein Quipu (Knotenschnurbündel).*

Götter: die Meeresgöttin **Ni**, die Erdgöttin **Pachamama**, den Donnergott **Illapa** und den Morgensterngott **Chasca Coyllur**.

Die Erde ist die *mittlere Welt* (hurin pacha), darüber liegt die *höhere Welt* (hanan pacha) und darunter die *unterirdische Welt* (ucu pacha), wohin die Seelen der Verstorbenen über eine Brücke gehen, die aus Haaren geflochten ist, begleitet von ihrem Hund, der bei ihrem Begräbnis geopfert wird, damit er sie begleiten kann. Aus dieser Kenntnis der mythisch-religiösen Vorstellungen sind sicherlich Rückschlüsse auf die Bedeutung einzelner archäologischer Funde möglich, eine letzte Sicherheit ist aber nicht gegeben, dass sich Praktiken vor hunderten oder mehr als tausend Jahren auch tatsächlich auf die gleichen Vorstellungen gründeten.

Die **Priesterschaft** hatte **Opfer** (neben blutigen Tier- und Menschenopfern auch Trankopfer und Gabenopfer) zu vollziehen, **Orakel** zu verwalten (wie das in Pachacamac an der Pazifikküste nördlich von Lima), Träume zu deuten und durch Beschau von Eingeweiden und durch andere Techniken Wahrsagerei zu betreiben.

Beim **Tod** eines Inkas gab es freiwillige Selbstmorde von Priestern und hohen Beamten, um dem Inka auch im Jenseits als Gefolgsleute zu dienen. Die **Opfergesinnung**, die auch im bürgerlichen Alltag vorausgesetzt wurde, wurde auf vielerlei Art (durch Beichten, freiwillige Kasteiungen, Spenden usw.) gefördert. Am Höhepunkt religiöser Feiern wurde durch einen Hohlspiegel aus der Sonne **heiliges Feuer** geholt, das dann von eigenen Priesterinnen (**Sonnenjungfrauen**) gehütet wurde.

Innerlichkeit und Spiritualität waren eher die Ausnahme, die Organisation dominierte in der Staatsreligion eindeutig und drängte die persönliche Frömmigkeit in den Hintergrund.

Wie in Mexiko nahm auch in Peru die spanische Krone das eroberte Reich in Besitz und veranlasste seine Christianisierung und Latinisierung, wodurch die Hochkultur der Inkas – und auch ihre Religion – ein gewaltsames Ende fanden.

# Verwendete Literatur

*Ägypter:*

Altägyptische Lebensweisheit, hg. v. Fr. W. Frhr. von Bissing, Zürich 1955.

Eliade, Mircea: Geschichte der religiösen Ideen Bd. I. Freiburg/Br. 1978, S. 87–112.

Hierzenberger, Gottfried: Der Glaube der alten Ägypter, in: Der Glaube der Menschen, Hg. von Franz König, Wien, 2. Aufl. 1996, S. 80–93.

Ders.: Jenseitsvorstellungen im alten Ägypten, in: Ders.: Erkundungen des Jenseits, Wien 1988, S. 18–23,

Junker, Hermann: Die Religion der Ägypter, in: Christus und die Religionen der Erde. Hg. von Franz König, Bd. II, Wien 2. Aufl. 1956, S. 565–606.

Lanczkowski, Günter: Quellentexte zu: Mircea Eliade, Geschichte der religiösen Ideen, Freiburg/Br. 1981.

*Altamerikaner:*

Borengässer, Norbert Maria: Indianische Hochkulturen, in: Lexikon der Religionen, Hg. von Franz König-Hans Waldenfels, Freiburg/Br. 1987, S. 300–305.

Carrasca, David: Städte und Symbole – die alten mittelamerikanischen Religionen, in: Eliade, Mircea, Geschichte der religiösen Ideen, Bd. III/2, Freiburg/Br. 1991, S. 13–54.

Hampl, Franz: Die Religionen der Mexikaner, Maya und Peruaner, in: Christus und die Religionen der Erde. Hg. von Franz König, Bd. II, Wien 2. Aufl. 1956.

Hierzenberger Gottfried, Der Glaube der Azteken, Mayas und Inkas, in: Der Glaube der Menschen, Hg. von Franz König, Wien, 2. Aufl. 1996, S. 142–162.

Jennings, Cary: Der Azteke. Historischer Roman, Frankfurt/Main 1990.

Lanczkowski, Günter: Quellentexte zu: Mircea Eliade, Geschichte der religiösen Ideen. Freiburg/Br. 1981.

Stierlin, Henri: Die Welt der Maya, Inka, Azteken, Genf 1983.

*Indoiraner und Indoeuropäer:*

Eliade, Mircea: Die Religion der Indoeuropäer; Zarathustra und die iranische Religion, in: Eliade, Mircea, Geschichte der religiösen Ideen, Bd. I/, Freiburg/Br. 1991, SS. 177–183 und 279–306; Neue iranische Synthesen; Die manichäische Gnosis, in: Ebda., Bd. II 2. Aufl. 1979, SS. 263–282 und 328–330.

Havers, Wilhelm, Die Religion der Ur-Indogermanen, in: Christus und die Religionen der Erde. Hg. von Franz König, Bd. II, Wien 2. Aufl. 1956, S. 697–748.

Hierzenberger Gottfried: Der Glaube der Indoeuropäer und Indo-Iraner, in: Der Glaube der Menschen, Hg. von Franz König, Wien, 2. Aufl. 1996, S. 142–162, S. 94–106.

König, Franz: Die Religion des Zarathustra, in: Christus und die Religionen der Erde. Hg. von Franz König, Bd. II, Wien 2. Aufl. 1956, S. 607–664.

Lexikon der Religionen, Hg. von Franz König-Hans Waldenfels, Freiburg/Br. 1987 (Art. Zarathustra, Parsismus, Avesta).

Lanczkowski, Günter: Quellentexte zu: Mircea Eliade: Geschichte der religiösen Ideen, Freiburg/Br. 1981.

Puech, Henri-Charles: Die Religion des Mani, in: Christus und die Religionen der Erde. Hg. von Franz König, Bd. II, Wien 2. Aufl. 1956, S. 499–564.

Stierlin, Henri: Die Welt der Perser, Genf 1983.

*Mesopotamier:*

Eliade, Mircea: Geschichte der religiösen Ideen Bd. I (Die mesopotamischen Religionen S. 62–86; Die hethitische und kanaanäische Religion S. 135–154), Freiburg/Br. 1978.

Hierzenberger, Gottfried: Der Glaube der alten Bewohner Mesopotamiens, in: Der Glaube der Menschen, Hg. von Franz König, Wien, 2. Aufl. 1996, S. S. 66–79.

Ders.: Jenseitsvorstellungen im alten Mesopotamien, in: Ders.: Erkundungen des Jenseits, Wien 1988, S. 24–29.

Liagre Böhl, Franz M. Th. de: Die Religion der Babylonier und Assyrer, in: Christus und die Religionen der Erde. Hg. von Franz König, Bd. II, Wien 2. Aufl. 1956, S. 441–498.

Schneider, Nikolaus: Die Religion der Sumerer und Akkader, in: Christus und die Religionen der Erde. Hg. von Franz König, Bd. II, Wien 2. Aufl. 1956, S. S. 383–440.

Sumer – Assur – Babylon. Sieben Jahrtausende Kunst und Kultur an Euphrat und Tigris, Ausstellungskatalog Stadtmuseum Linz und Schloss Schallaburg, 1980,

Uhlig, Helmut: Die Sumerer – Ein Volk am Anfang der Geschichte. Bergisch Gladbach 2. Aufl. 1996.

**Topos**<sup>plus</sup> Religionen und
Kulturen

Christa Felicetti
**Lebensweisheit aus dem Judentum**
ISBN 3-7867-8409-4

Elisabeth Rosegger
**Lebensweisheit aus dem Islam**
ISBN 3-7867-8437-X

Hannes Kulmer
**Lebensweisheit aus Afrika**
ISBN 3-7867-8456-6

Hans Waldenfels
**Christus und die Religionen**
ISBN 3-7867-8433-0

Christian Troll
**Muslime fragen, Christen antworten**
ISBN 3-7867-8489-2

# Topos plus Grundwissen Religion
### Informativ – kompetent – objektiv

*Die Reihe wird fortgesetzt*

# Topos$^{plus}$ Grundwissen Religion
## Informativ – kompetent – objektiv

Ferdinand Dexinger
**Der Glaube der Juden**
ISBN 3-7867-8474-4

Gottfried Hierzenberger
**Der Glaube der Muslime**
ISBN 3-7867-8468-X

Gottfried Hierzenberger
**Der Glaube der Hindus**
ISBN 3-7867-8469-8

Gottfried Hierzenberger
**Der Glaube der Buddhisten**
ISBN 3-7867-8470-1

Gottfried Hierzenberger
**Der Glaube der Chinesen und Japaner**
ISBN 3-7867-8471-X

Gottfried Hierzenberger
**Der Glaube der alten Griechen und Römer**
Topos plus ISBN 3-7867-8472-8

Gottfried Hierzenberger
**Der Glaube in den alten Hochkulturen**
Ägypter, Mesopotamier, Indoeuropäer, Altamerikaner
ISBN 3-7867-8473-6

Gottfried Hierzenberger
**Der Glaube der Urmenschen**
ISBN 3-7867-8491-4

*Die Reihe wird fortgesetzt*